KB273465

소牛소笑

소牛소笑

박영배 지음

맥스*media*

언젠가는 모두 버려야겠지요

참으로 오랜 세월 동안 신문사 밥을 먹었습니다. 신문사 수습기자로 시작해 논설위원으로 마무리하기까지 30년이나 머물렀으니까요. 중간에 8년은 해직 기자로 방황의 시절을 보내기도 했습니다만 돌이켜 보면 헛된 세월은 아니었던 것 같습니다. 사회를 두루 살펴보고, 아울러 자신을 성찰할 수 있었기 때문입니다. 기자라는 특권의 허울은 이때 벗어 버렸습니다.

군부 정권을 종식시킨 '서울의 봄'을 맞아 〈한국경제〉신문에서 다시 시작한 기자 생활은, 겉으론 화려했지만 내면은 항상 번민 속에서 속을 끓여야 했습니다. '이 시대 기자의 사명이 무엇인가.' '어떻게 사회에 기여할 수 있을까.' 하는 거창한 것들이 뇌리 속에서 맴돌았으니까요.

그러나 세월이 흐르고 매너리즘에 빠지면서 이러한 명제들은 잊혀져 갔습니다. 어느새 언론 귀족으로 동화되어 버린 것입니다. 툭하면 출입처 배려로 외국 출장을 가고, 특집이다 뭐다 해서 외국 취재를 다니고, 외국 유명 대학교에 연수를 가고, 세계의 수도라고 하는 뉴욕에서 특파원으로 몇 년을 보냈으니 그럴 만도 했지요.

어느 날 번쩍 정신이 들었습니다. 내가 무엇을 하기 위해서 편집국에 머물러 있는가? 편집국 조직상 간부가 되면 좀체 글을 쓸 기회가 없습니다. 그래서 논설위원을 자원했습니다. 내 글을 쓰고 싶었던 거지요. 그래서 '천자칼럼'을 쓰게 됐습니다.

이러저러한 주제로 7년 동안 글을 써 내려 갔지요. 환경 풍습

유행 인생 음식 가정 직장 교육 등 영역을 가리지 않는 크로스오버였습니다. 마음 한켠에는 항상 낮은 곳에 있는 이웃을 배려하고 싶었고, 후손들을 위해 우리가 해야 할 일을 제시하고자 했습니다. 때로는 분칠을 하면서, 과장을 하면서, 견강부회를 하면서 내 멋대로 재단을 하는 맛도 보통이 아니었습니다. 지금에 와서 어찌 회한이 없겠습니까마는 어쨌든 이 글에는 '나' 라고 하는 기자 박영배, 인간 박영배가 녹아 있습니다.

이 책이 나오기까지는 나름대로 진통이 있었습니다. 9백여 편에 이르는 글을 선별하는 것도 쉽지 않았고, 선택된 글들도 시제와 문장을 부분적으로 수정해야 했습니다. 대부분 버리면서 그나마 남긴 글들입니다.

버리면서 홀가분함을 느꼈습니다. 여기 있는 것들도 언젠가
는 버려야겠지요.

박 영대

차례

개미 콤플렉스

인간이 지구의 피부병이다

정이 없으면 혼도 없다

나는 너의 추임새!

개미 콤플렉스

베르나르 베르베르는 지구상에서 가장 수가 많고 강력한 존재를 개미라 했다.

그는 그런 개미의 삶에 관심을 갖고 소설 《개미》를 썼다.

개미는 곧잘 지혜로운 동물로 인용되곤 했다. 《구약성서》는 개미를 세상에서

가장 작으면서 더없이 지혜로운 존재로 묘사하고 있으며, 솔로몬왕은 "개미가

그대에게 지혜로운 길을 보여 주리라!" 라고 설파했다.

상전벽해가 되어도 비켜설 곳이 있다

아버지와 아들이 사막을 걷고 있었다. 뜨거운 태양에 몸은 지쳤고 더 이상 갈증을 참을 수 없었다. 급기야 아들은 모래 위에 주저앉아 버렸다.

아버지는 말했다. 우리 선조들 모두가 이 고통의 길을 걸어갔노라고.

한참을 걷다 보니 오아시스는커녕 공동묘지가 나타났다.

아들은 절망하며 말했다. 모두가 지쳐 쓰러져 여기 묻히지 않았느냐고.

아버지는 "공동묘지가 있다는 것은 인근에 동네가 있다는 표시"라며 아들을 달랬다.

이처럼 희망과 절망은 생각하기에 달렸다.

날짜라는 게 끝없는 시간의 강물에 인간들이 매긴 부질없는 부호에 불과할지 모르지만 새해 첫날이 되면 늘 마음이 설렌다.

무엇인가 좀 더 나아질 것이라는 희망을 걸 수 있어서다.

새해 아침 해돋이를 보기 위해서 산이나 바다로 달려가, 다시 올 내일을 기약하는 저마다의 두 손과 표정들이 절실한 것도 소망하는 바가 무엇인지를 스스로 되새기면서 간구하기 때문일 게다.

요즈음 고개 숙인 가장들이 속출하고 청년실업이 급증하고 서민들은 '빚과의 전쟁'을 벌이고 있다. 견디는 게 '약'이라고는 하지만 시련을 감당하기에는 너무 벅차다는 생각이 든다. 삶의 무게가 더해질수록, 사는 게 고달플수록 갈구하는 마음은 더욱 커지게 마련인데 그래서 '희망'이라는 이름이 위안을 주는 모양이다.

어둠이 짙으면 새벽이 가깝다는 믿음과 "내일 지구가 멸망해도 오늘 한 그루 사과나무를 심는다."는 의지야말로 희망의 또 다른 이름일 것이다.

희망은 땅 위의 길과 같다고 한다. 사람들이 많이 다니면 가시밭길도 길이 되듯이 절실히 갈구하면 희망의 싹이 트는 것이다. 현실이 아무리 고통스럽다 해도 희망을 품으면 그 고통을 감내할 수 있다.

"상전벽해(桑田碧海)가 되어도 비켜설 곳이 있다."는 우리 속담도 바꿔 말하면 희망이 있다는 얘기다.

첫인상이 그 사람을 해석한다

영국의 세계적인 여류작가 제인 오스틴이 쓴 《오만과 편견》의 원래 책명은 '첫인상'이었다. 출판사에서 거절당한 뒤 내용을 수정 보완해서 이름을 바꿔 내놓은 것인데, 첫인상으로 인해 겪게 되는 연인 사이의 심리적 갈등을 잘 묘사하고 있다.

재치 있고 활달한 엘리자베스는 귀족 출신의 미남 청년 다아시를 만난다. 엘리자베스는 처음 만나 느낀 그의 오만함에 적개심을 보인다. 그러나 티격태격 싸우면서 보낸 시간 속에서 그녀는 자신의 편견이 지나쳤다는 것을 후회하고 다아시와 결합하게 된다.

첫인상은 사람의 뇌에서 가장 오래 기억된다고 한다. 미국의 사회심리학자 솔로몬 애쉬는 "어떤 사람에 대해 일단 첫인상이 형성되면 뒤에 들어오는 정보에 좀처럼 귀를 기울이지 않는다.

첫인상은 나중에 들어오는 정보를 해석하는 기준이 된다.”고 설득력 있는 여러 실험 결과를 발표했다. 이것이 곧 심리학에서 말하는 '초두 효과'이다.

이런 까닭인지 누구나 면접이나 첫선을 볼 때면 좋은 인상을 주려고 무척 애를 쓴다. 첫인상이 좋지 않게 비쳐졌을 때 이를 지우기가 쉽지 않아서이다. 사실 첫인상은 취업에서 결정적으로 작용하고 있다.

첫인상은 만난 지 단 3초만에 결정된다고 한다. 이 짧은 순간에 외모와 태도, 억양까지도 신경을 써야 한다. '나의 이미지'를 긍정적으로 만들려는 노력이 필요한 이유다. 그렇지만 가식적이지 않은 참모습을 보이고 남을 배려하는 마음가짐이야말로 '첫인상 만들기'의 출발이 아닐까 싶다.

사람들은 눈에 보이는 것만 믿으려 하는 속성이 있다. 그래서 속기 쉬운 것 가운데 하나가 바로 첫인상이기도 하다. “첫인상으로 사람을 판단하지 말라.”는 말은 자주 볼수록 인상이 달라지는 경우가 허다해서다.

첫인상의 편견은 경계해야겠지만, 그렇다고 '남을 위해 사나' 하는 식의 오만한 자세도 곤란하다. '나의 모습은 어떠한가?' 가끔씩 거울에 자신을 비추어 볼 일이다.

다운시프트족族

"우리는 속도의 노예가 됐다. 속도는 우리 습관을 망가뜨리고, 사생활을 침해하고, 우리로 하여금 패스트푸드를 먹도록 하는 빠른 생활을 강요한다. 음흉한 바이러스에 모두 굴복당하고 있다."

1989년 프랑스 파리에서 채택된 '슬로푸드(Slow Food) 운동'의 선언문이다. 패스트푸드로 대변되는 현대 사회의 스피드 문화에 반기를 들고 느리게 살면서 생활의 여유를 찾자는 것이 슬로푸드 운동이다.

서구인들 사이에는 치열한 생존경쟁에서 스스로 이탈하려는 움직임이 부쩍 두드러지고 있다. 경쟁에서 이기기 위해서 벌이는 속도전쟁에 이제는 모두 지친 탓이다.

1990년대 미국에서 등장한 슬로비(Slobbie : Slow But Better Working People)족은 물질보다 마음을, 출세보다 가

정을 중시하며 어지러울 정도로 빠르게 돌아가는 생활의 속도를 늦춰 느긋하게 살자고 주장한다. 슬로비족과 비슷한 스카이버(Skiver)족 역시, 속도를 숭배하는 현대 사회에 염증을 느껴 브레이크를 밟자고 외치고 있다.

다운시프트(Down-Shift)족도 등장했다. 이들 또한 사회적 지위나 수입에 연연하지 않고 느긋하게 삶을 즐기려는 사람들이다. 다운시프트는 원래 자동차의 속도를 줄이기 위해 기아를 변속한다는 뜻인데, 삶의 속도를 조절한다는 의미로 이를 차용했다. 다운시프트가 가장 활발한 영국에서는 다운시프트족이 3백만 명이나 된다고 한다.

우리나라에도 용인에 '느린문화학교'가 있다. 느릿느릿한 삶 속에서 여유와 행복을 누리는 방법을 가르친다고 한다. 압축 성장이 가져온 '빨리빨리'의 생활 태도를 바꿔 '느림의 문화'를 정착시키겠다는 의도가 깔려 있다.

느림은 게으름과는 다르다. 빠름에 적응하지 못하는 것도 아니다. '느림의 미학'에서 얘기하듯 창조적 게으름이라는 말이 어울릴 것 같다.

천천히 산다는 게 배부른 자들의 사치라고 말할 수도 있으나, 가끔은 자신의 궤적을 뒤돌아보는 여유를 갖는 것이야말로 몸과 마음을 지켜 내는 최상의 방법이 아닐까 싶다.

위너지와 기업

미국 캘리포니아의 등뼈라고 할 수 있는 시에라네바다산맥 남쪽에는 세쿼이아 킹스캐니언이 있다. 만년설로 뒤덮인 산으로 둘러싸인 이곳에는 '세쿼이아' 라고 하는 세계에서 가장 키가 큰 나무가 있는데, 높이가 82m가 넘는데도 모진 강풍을 끄떡없이 버텨 낸다. 그렇다고 뿌리가 깊이 박혀 있는 것도 아니다. 뿌리들이 서로 얽혀 거대한 나무를 지탱해 주고 있어서라고 한다.

생존경쟁을 벌이는 회사도 마찬가지인 것 같다. 조직이 경영 목표를 향해 서로 유기적으로 결합돼 있을 때 외부 저항을 이겨 내고 영속성을 가질 수 있다. 신바람 나는 회사들을 보면 예외 없이 구성원들 간의 유대관계가 칡넝쿨처럼 얽혀 신뢰가 높고 사기가 올라 있다는 공통점이 있다. 구성원들의 생각이 오직 한 곳으로 모여서 조직이 추구하는 정렬된 방향으로 가고 있는 것이다.

요즘 회사 경영에 종종 등장하는 '위너지(Wenergy)'는 바로 이를 두고 하는 말이다. 위(We)와 시너지(Synergy)의 합성어인 위너지는 '여럿이 함께 생각을 모아 시너지를 창출한다.'는 의미인데, 역동적인 조직을 만드는 활력소로 관심을 모으고 있다.

《포천》 등 경제전문잡지들이 선정·발표하는 '일하기에 가장 좋은 기업'을 하나하나 분석할 경우도 위너지를 원용하곤 한다.

위너지는 비단 회사만이 아니라 개인에게도 적용될 수 있을 것 같다. 관심 분야가 같은 사람들을 모으고 주위에 조언자를 많이 두어 소위 '개인 네트워크'를 구성한다면 시너지의 힘이 커지고 따라서 성공 확률을 더욱 높일 수 있는 것이다. 성공의 관건은 창의성인데 창의성의 가정교사 역할을 하는 위너지가 가장 효율적인 방법이란 얘기다.

'공동 사고'라고도 할 수 있는 위너지는 혼자 생각하는 것보다 더 독창적이고 빠르고 혁신적임은 두말할 나위가 없다. 특히 딜레마에 빠질수록 위너지의 진가는 더욱 발휘된다.

경영이 어렵다면, 아니 잘 나가는 기업이라 해도 위너지를 적극 활용해 보라고 권하고 싶다. 세쿼이아 나무처럼 기업은 결코 흔들리지 않을 것이다.

개미 콤플렉스

소설 《개미》의 작가 베르나르 베르베르는 지구 상에 가장 수가 많고 강력한 게 개미라고 한다. 건조한 사막이나 혹독한 추위에도 적응하고 어떤 동물도 무서워하지 않으며 강력한 살충제에도 견딘다고 한다. 이런 까닭에 1억 년 이상 지구상에서 살아남아 있다는 것이다. 고작 3백만 년의 인류 역사와는 비교가 되지 않는다.

이런 개미는 곧잘 '지혜로운 동물'로 인용되곤 한다. 《구약성서》에는 세상에서 가장 작으면서 더없이 지혜로운 것으로 개미를 들고 있으며, "게으른 자는 개미의 모습을 보고 지혜를 깨치라."고 기록돼 있다. 솔로몬왕은 "개미가 그대에게 지혜로운 길을 보여 주리라!"고 설파했다.

그러나 뭐니뭐니해도 개미의 이미지는 부지런함이다. "개미는 작아도 탑을 쌓는다."는 우리 속담은 끈기와 노력으로 마침

내 일을 성취하는 근면함을 비유한 것이다. 우화 〈개미와 베짱이〉에서도 개미는 겨울을 준비하는 성실성의 표본으로 우리 마음속에 각인돼 있다.

이렇듯 열심히 일하는 개미를 빗대 요즘 와서는 '개미 콤플렉스'라는 말이 오르내리곤 한다. 일을 많이 하지 않으면 뒤처질지 모른다는 직장인들의 강박관념을 표현하는 말이다.

취업 포털 사이트 잡링크의 조사에 의하면 실제 직장인 10명 중 6명이 이런저런 콤플렉스에 시달리고 있는데 그 가운데 개미 콤플렉스가 가장 심각하다고 했다.

자칫 일을 소홀히 하다간 자신이 구조조정의 대상일 될지 모른다는 불안감이 개미 콤플렉스를 유발하고 있다는 것이다. '놀아서는 안 된다.'는 개미 콤플렉스는 무거운 짐을 지고 뛰도록 하는 채찍이어서 정신적으로 큰 부담이 되고 있음은 물론이다.

그래서 한편에서는 일에서 벗어날 것을 강력히 주문하고 있기도 하다. 노는 것이야말로 창의력의 원천이고 성공의 열쇠라는 주장이다.

일을 우선시 하는 사회 분위기 탓에 우리는 쉰다는 것에 막연한 죄의식을 가지고 있기도 하다. 그러나 이제는 일만으로 승부를 걸겠다는 생각은 탈피해야 한다. 일과 휴식의 적절한 조화야말로 개미 콤플렉스에서 해방되는 지름길이다.

세계적인 피터 팬 콤플렉스

세상에는 갖가지 유별난 직업으로 생계를 유지하는 사람들이 많다. 접시의 강도를 시험하기 위해서 하루 종일 접시를 깨뜨리는가 하면, 벼룩에게 서커스를 시키기 위해서 그 옷을 전문적으로 만들기도 한다. 침대요 위를 걸어다니며 부드러움을 조사하는 매트리스워커, 지하철 등지의 광고판에 장난삼아 낙서한 얼굴 수염을 없애는 수염닦이도 어엿한 직업인이다. 이처럼 직업의 귀천을 따지지 않고 맡은 일에서 보람과 긍지를 찾는 사람들을 보면 절로 흐뭇한 마음이 든다.

그러나 요즈음은 직업에 대한 애착이 예전에 비하면 어림없다. 귀찮아 하고 혐오하기까지 한다. 제2의 인생이라고 하는 직업인데도 자기 계발을 하고 그 속에서 행복을 찾고자 하는 일에 도무지 관심이 없는 듯하다.

미국 시사주간지 《타임》이 이러한 현상을 심층 보도했다. 20

대 후반이 되도록 직장 없이 떠돌며 부모 품에 빌붙어 생활하는 젊은이들이 급증하고 있다며 이를 '트윅스터(Twixter)'라 호칭한다고 소개했다. 트윅스터는 이도저도 아닌 '사이에 낀 세대'라는 뜻으로 라틴어(Betwixt)에서 따왔다고 한다.

무위도식하는 20대들을 호칭하는 용어들은 나라마다 다양하다. 캐나다에서는 직업 없이 떠돌다 부모 집에 다시 돌아와 생활한다 해서 부메랑 키즈(Boomerang Kids), 독일에서는 둥지에 웅크리고 있다는 뜻의 네스트호커(Nesthocker), 영국에서는 부모 곁으로 돌아와 할 일 없이 기대 사는 자녀를 키퍼스(Kippers)라 부르고 있다. 돈이 떨어졌을 때만 임시직으로 일하고 정식 취직을 기피하는 일본의 프리터(Freeter)도 같은 족속이다.

우리나라 또한 부모에게 생계를 의지하는 캥거루족이나 일부러 대학 졸업을 늦추는 모라토리엄족이 늘어나 사회 문제가 되고 있다. 직업을 구하기 어렵다는 현실적인 핑계가 있긴 하나 무책임하다는 비난을 면하기는 어려울 것이다.

장성했는데도 아이같이 행동하면서 어른이기를 거부하는 피터 팬들이 늘어나는 한, 활기찬 자신들의 삶과 장밋빛 국가 장래를 기대하기는 어렵지 않을까?

소를 타고 소를 찾다

다산 정약용의 제자 황상은 스승의 은혜를 잊지 못해 꿈속에서도 통곡했다고 한다.

어느 날 황상이 "자신이 너무 둔하고 앞뒤가 막혀 답답한 사람"이라고 한탄하자, 다산은 "외우는 데 민첩하지 말고 글 짓는 데 들뜨지 말며 깨달음이 거칠지 않아야 한다."고 충고했다. 쉼 없이 부지런히 살아야 한다는 교훈을 되짚어 말한 것이다. 다산의 이 한마디를 평생 가슴에 새긴 황상은 마침내 걸출한 문장가로 이름을 떨쳤다.

스승의 인품이, 스승의 한마디가 제자를 거듭나게 하는 경우는 허다하다. 조선 중기의 고승인 소요(消遙) 태능이 스승 청허(淸虛) 휴정의 문하에서 선(禪)을 하고 있을 때, 소요는 떠날 결심을 한다. 도저히 공부가 진전되지 않아서였다. 청허는 떠나는 소요에게 시 한 수를 써 주었는데 '소를 탄 사람이 소를 찾고 있으니 얼마나 우스운가' 하는 요지였다. 오랜 방황 끝에 돌아온 제자는 스승의 설명에 그때서야 깨우침을 얻게 된다. '있는 그대로가 깨달음'이라는 것을.

이렇듯 도타운 정과 깊은 관심을 가진 스승만이 훌륭한 제자를 키워 낼 수 있다. 더 많은 사랑을 베풀고 학문의 지혜를 주는 스승일수록 문하생들의 감동이 크기 때문이다.

사제 간의 관계가 갈수록 메말라 가고 있다고 쓴소리가 나오는 요즘, 부산의 동의과학대가 라이프 가이드(Life Guide) 제도를 도입했다고 한다. 형식적인 교수지도제에서 탈피해서 학생의 학교 생활은 물론 졸업 후 생활까지도 지도하겠다는 게 골자다. 사제 간의 평생 휴먼 네트워크가 만들어지면서 교수는 일종의 멘토(Mentor) 역할을 하게 되는 셈이다.

이러한 발상은 개인의 적성을 살리면서 사회와 직장이 필요로 하는 맞춤교육을 하는 데도 크게 기여할 것으로 보인다. 이는 또한 '졸업이 곧 실업'이 되고 있는 현실의 타개책이 될 성도 싶다.

흔히 사제삼대(師弟三代)라고 한다. 사제 간의 관계가 매우 깊고 밀접해 내세에까지 이어짐을 일컫는 말이다. 스승이 없다고 한탄하는 시대여서인지 라이프 가이드에 대한 기대가 자못 크게 다가온다.

공정한 가위 바위 보

각 나라의 공통된 놀이 문화 가운데 하나를 꼽으라면 아마도 '가위 바위 보'를 들 수 있을 것이다. 가위 바위 보는 규칙이 복잡하지 않아서 누구나 단박에 배울 수 있기 때문에 아이 어른 할 것 없이 모두가 즐기는 세계인의 게임이 되어 버렸다.

특히 캐나다 토론토에 본부를 둔 '세계 가위 바위 보 협회'가 2002년 세계선수권 대회를 개최한 이후로는 가위 바위 보의 열기가 지구촌을 더욱 뜨겁게 달궈 가고 있다. 지역 예선전에 몇 백 명이 참가하는가 하면 학교와 기숙사, 술집은 물론 가정에서까지 가위 바위 보 게임이 즐겁게 벌어지곤 한다.

이를 두고 《뉴욕타임스》는 서구의 새로운 문화 현상으로 규정 짓기도 했다. '가위 바위 보 전략서'가 발행되고, 대회의 뒷얘기를 담은 다큐멘터리가 인기를 끄는 것을 보면 이 신문의 보도에 고

개가 끄덕여진다.

싱겁게 들릴 법한 일도 실제 벌어졌다. 일본의 한 전자회사는 소장하고 있던 고흐와 피카소의 작품들을 경매할 장소를 선정하면서, 크리스티와 소더비 경매장 대표들을 불러 가위 바위 보로 결정토록 한 것이다. 오스트레일리아에서도 심심풀이용으로, 또 의사결정 수단으로 가위 바위 보가 성인들 사이에 유행하고 있다고 한다. 가위 바위 보는 운이 크게 작용하는 듯하지만 상대방의 심리를 읽으면서 대결하는 짜릿한 맛도 큰 매력이다.

가위 바위 보는 우리에게도 아주 익숙한 놀이다. 순서를 정하고 편을 가를 때 가위 바위 보를 하고, 이 놀이를 하면서 이긴 사람이 진 사람의 이마에 꿀밤을 먹이거나 손목이 벌겋도록 때리곤 한다. 상대를 이기기 위해 깍지를 끼고 두 팔을 들어 올리는 모습은 천진스럽기까지 하다.

그렇다면 가위 바위 보는 어디서 유래했을까. 기원은 정확하지 않으나 인도라는 설이 유력한데 가위는 쥐, 바위는 호랑이, 보는 코끼리라고 한다. '가위 바위 보' 라는 우리말 이름은 윤석중 선생이 지었다.

어떻게 보면 하찮게도 보이는 가위 바위 보가 오래도록 지구인들의 사랑을 받는 것은 가장 공정하고 깨끗한 방법이어서가 아닐까 싶다.

세 살 버릇

우리가 가장 흔히 인용하는 속담 가운데 하나가 '세 살 버릇 여든까지 간다.'는 경구성 말이다. 어릴 적부터 나쁜 습관이 몸에 배지 않도록 자녀들을 엄격하게 가르쳐야 한다는 의미이다.

'한 번 검으면 희기 어렵다.' 든지, '제 버릇 개 못 준다.'라는 말도 같은 맥락이다. '한번 굽으면 소 등 위에 얹는 길맛(안장도구)으로밖에 쓸 수 없다.' 는 뜻인 '어릴 때 굽은 길맛가지'라는 격언도 마찬가지이다.

나쁜 습관은 좋은 습관에 비해 버리기도 바꾸기도 더 어렵다. 이런 까닭에 올바른 습관을 길러 주기 위한 유아 시절의 교육은 절실하기만 하다.

그런데 우리 경우는 어떤가. 핵가족화와 함께 자녀 수가 줄어들면서 남을 아랑곳하지 않고 내 아이만 챙기는 교육이 종종 눈살을 찌푸리게 한다. 회초리를 드는 부모가 적어졌다는 말이다. 싱가포르에서는 슈퍼마켓에서 대나무 회초리를 판다. 물론 자녀들 교육용인데 잘못에 대한 벌은 가차 없다는 것을 상징적으로 보여 주는 현장이다.

잘못 길들여진 버릇은 다른 사람에게 불편과 피해를 주기에, 서양에서는 부모가 아이들의 텔레비전 시청 시간까지도 통제하는 등 가정에서부터 일정한 룰을 정해 놓고 자녀들을 교육한다. 미국에서는 운동하지 않는 어릴 적 습관이 비만의 원인이라 해서 활동적인 생활 습관에 길들여지도록 다각적인 프로그램을 시행하고 있기도 하다.

뉴질랜드에선 청소년법원의 한 판사가 아이가 자라서 폭력범이 될지 안 될지는 세 살 때 알아볼 수 있다고 주장해서 매스컴의 조명을 받았다. 비행을 저지르는 행동 장애가 어릴 적에 나타난다는 얘긴데 이를 지체 없이 잡아 줘야 건전한 어른으로 성장한다는 것이다.

혹여 세 살 적 버릇이 남아, 나의 태도가 상대방에게 불쾌감을 주지는 않는지, 무심코 내뱉는 내 말이 비수가 되어 상대방의 폐부를 찌르지는 않는지, 꼼꼼히 살펴볼 일이다.

"성공하는 사람은 훌륭한 습관을 가지고 있다."는 말이 진부하게 들리지 않는다.

치매를 예방하는 신문 읽기

독일의 문호 괴테는 세계문학사상 불세출의 명작으로 꼽히는 《파우스트》를 90세가 지나서 완성했다. 92세까지 장수한 피카소 역시 말년에 예술혼이 더욱 빛났다고 한다. 평생을 쉼 없이 독서하고 창작 활동에 매진한 덕분이다.

이것은 현대의학이 증명하는 사실이기도 하다. 대뇌의 신경세포 중에는 나이가 들면서 기억을 담당하는 부분은 노화되지만, 신경세포들을 연결하는 수상돌기는 지적 자극을 받을수록 증가하기 때문이다.

암 못지않게 누구나 두려워하는 치매는 뇌에 대한 자극이 감소하면서 진행된다는 게 정설이다. 바꿔 말하면 뇌의 활동성을 높이면 치매 예방이 가능하다는 얘기다.

무엇보다 뇌를 자극하는 데는 독서가 제일이라고 한다. 하루 1시간 이상 독서를 한 사람은 그렇지 않은 사람에 비해 치매 위험이 훨씬 낮다는 연구들이 속속 발표되고 있다. 문맹인의 치매 확률이 높은 것은 이런 까닭이 아닌가 싶다.

흔히 독서라고 하면 고전이나 명작 등의 책을 연상하는데 '신문 읽기'야말로 최상의 독서라는 주장이다. 뇌 구조의 권위자인 일본 도호쿠대 가와시마 류타 교수는 얼마 전 출간한 《뇌를 단련하는 신문 읽는 법》에서 신문을 잘 읽으면 머리가 좋아진다고 확신에 찬 논리를 개진했다. 신문은 우리 일상생활의 기사들을 싣고 있어 흥미가 있을뿐더러 수치와 도표 등이 다양해 두뇌 훈련에는 그만이라는 것이다.

"뇌를 녹슬지 않게 하려면 신문을 읽는 게 최고이다."라고 했던 어느 세계 최장수 노인의 말이 그저 그런 입에 발린 수사(修辭)로 들리진 않는다.

신문 독서의 능률을 올리려면 소리 내서 읽는 음독(音讀)이 좋다고 한다. 음독은 두뇌를 활성화시키면서 동시에 집중력과 기억력을 배가시키기 때문이란다. 게다가 좋은 글을 베껴 쓴다든지, 다양한 단어를 생각하면서 글을 자주 쓴다든지 한다면 기억력 증진에는 그만이다.

일상생활의 신문 읽기가 치매의 천적이라니, 이제 실천만이 남았다.

T자형 인간

　　흔히 팔방미인이라고 하면 여러 분야를 잘 아
는 사람이라 해서 부러움을 샀다.

　　그러나 이제는 인식이 달라졌다. 다방면에 아는 것은 많으나
전문성이 없다는 다소 부정적인 의미로 쓰이고 있기 때문이다.
소위 21세기형이라고 하는 'T자형 인간'이 각광을 받으면서부
터는 팔방미인이 잡학사전 정도로 취급되고 있기도 하다.

　　그렇다면 T자형 인간은 어떤 유형인가. 자기 분야는 물론이
고 다른 분야에도 일가견이 있는 종합적인 사고 능력을 가진 사
람을 일컫는다. 이런 유형은 전체를 꿰뚫어 보는 통찰력을 가졌
기에 어떤 임무가 주어져도 거뜬히 해낸다. 앞으로는 서로 다른
기술이나 산업이 결합된 신산업들이 등장할 것으로 전망돼 T자
형 인간이 더욱 각광받을 것 같다.

　　T자형 인간이라는 개념이 처음 등장한 곳은 제너럴 일렉트릭

(GE)이다. T자형 인간의 T의 ‘—’는 횡적으로 많은 것을 아는 것(Generalist)이며 ‘│’는 종적으로 한 분야를 깊이 안다(Specialist)는 뜻으로 ‘전 사원의 전문가’를 일컫는다.

그러나 이 개념을 현장에 적용해 정작 성공을 거둔 회사는 도요타자동차였다. 회사명의 첫 영문자 ‘T’를 따서 전문 프로를 지향하는 ‘T자형 인재’ 육성에 힘썼고, 이들 인재들이 도요타를 세계적인 기업으로 우뚝 키우는 원동력이 됐다는 사실을 숨기지 않는다.

조직창의성 분야의 전문가인 앤 커밍스가 말하는 ‘창의적 인간’도 T자형 인간과 같다. 고객과 공감하고, 상상력이 풍부하고, 생산적인 논쟁을 벌이고, 여기에 열정까지 가진 ‘창의적 인간’이야말로 조직이 가장 필요로 하는 사람이라는 것이다.

폭넓은 지식과 전문적인 깊이를 동시에 가진 T자형 인간만이 숲과 나무를 함께 볼 수 있는 통찰력을 가진다. 더욱이 평생직장이 아닌 평생직업을 준비해야 하는 현실에서 핵심 인재로 살아남기 위해서는 남과의 차별화가 관건인데, 차별화는 겉만 번지르르한 팔방미인이 아닌 T자형 인간에서 그 해답을 찾아야 할 것 같다.

사회지수

　　IQ(지능지수)가 아이의 장래를 결정짓는다고 믿었던 시절에 한 가지 의문이 있었다. '학교에서 공부 잘하는 모범생이 왜 사회에서는 그다지 성공하지 못하고 행복하지 못할까?' 하는 것이었다.

　　이런 의문에 하버드대학교의 심리학 교수인 대니얼 골먼이 해답을 내놓았다. 그는 인생의 성공 여부를 결정짓는 요인으로 IQ가 아닌 EQ(감성지수)를 제시했는데, EQ가 높은 사람이 IQ가 우월한 사람보다 성공할 가능성이 높다는 주장이었다. 일상생활 속에서 부딪치는 다양한 상황에서 자신의 감정을 다스릴 줄 아는 능력이 높아야만 성공할 수 있다는 것이다.

　　머리 못지않게 가슴이 따뜻해야 한다고 주장했던 골먼 교수가 이번엔 또 다른 성공 조건으로 '사회지수(SQ)'를 제시했다. 그는 워싱턴 포스트가 발행하는 《퍼레이드》란 잡지에서 "SQ는 빠른 상황 파악으로 타인에게 좋은 인상을 주고 다른 사람의 감정과 의도를 감지하는 능력”이라며, EQ와 함께 SQ가 탁월한 사람을 찾는 회사가 늘고 있다고 지적했다. 사회적 교류를 관장하는 SQ가 대우를 받는다는 설명이다.

골먼 교수는 “SQ는 두 사람이 동시에 웃거나 연인들이 첫 키스를 하면서 입술을 대는 속도에 이르기까지 아주 사소한 부분까지도 조절하는 역할을 한다.”고 지적하며 “자신의 두뇌 신경회로를 상대의 신경회로와 연결시키는 능력도 포함하고 있다.”고 설명한다.

실제 사람의 능력을 평가하는 지수들은 널려 있다. 도덕지수, 인성지수, 체격지수, 놀이지수, 전문성지수 등이 평가기준으로 꼽히곤 한다. 갈수록 복잡해지는 사회에서 현대인들이 겸비해야 하는 성공 조건들이 그만큼 많아지는 셈이다.

학자들은 성공 조건의 80%는 IQ의 영역이 아니라고 한다. 다시 말하면 일정 나이가 넘어서 IQ를 높이는 것은 어렵지만, SQ 등은 자신의 판단과 의지에 따라 즐기면서 얼마든지 높일 수 있다는 것이다.

SQ에 EQ를 더하고, 여기에 인간관계를 얼마나 잘 유지하고 운영하는지를 나타내는 NQ(Network Quotient)를 포갠다면 성공은 약속된 것이나 다름없다.

내 브랜드는…

"자기 자신의 분야에서 최고가 되려면 열심히 일하는 것도 중요하지만 그 이상의 무엇이 필요하다. 그것은 바로 자신을 브랜드화 하는 전략이다."

《당신 자신을 브랜드화 하라(Brand Yourself)》의 저자 데이비드 앤드루시아가 강조하는 말이다. 동료들과의 차별성을 갖기 위해서는 독특한 개인 브랜드를 구축해 '명품인재'로 거듭나야 한다는 얘기다.

제품마다 브랜드가 있듯이 이제는 개인 브랜드가 관심을 끌고 있다. 평생직장의 개념이 사라지고 개인의 능력에 따라 연봉이 매겨지고 스카우트가 일상화되는 상황에서 개인 브랜드가 단연 경쟁 우위의 요소로 떠오른 것이다.

개인 브랜드를 성공적으로 만들기 위해서는 자기만의 색깔을 강조하면서 이를 드러내는 기술이 있어야 한다. 같은 상품이라 해도 예쁘게 포장돼 있으면 잘 팔리는 것과 마찬가지이다.

개인 브랜드화는 곧 몸값으로 직결된다. 한 취업사이트가 직장인들을 상대로 "자신의 브랜드 가치가 얼마라고 생각하느냐?"는 질문을 던졌는데, 전체 응답자의 평균을 산정한 금액이 3,994만 원으로 나타났다. 이 조사에서 브랜드 가치가 높아 보이는 직원의 유형으로는 '업무 능력이 뛰어난 사람'이 꼽혔다.

최근 직장인들 사이에 '내 브랜드는 내가 만든다.'는 인식이 확산되고 있다. 자기 분야에서 전문 과외를 받는 직장인이 늘어나는가 하면, 전문가가 되기 위해 컨설팅업체 등에서 자기 계발 프로그램을 이수하기도 한다.

'배터리족(族)'도 나타났다. 자기 계발을 위해 아예 회사를 그만두고 재충전의 기회를 갖는다는 의미로 배터리란 이름이 붙었는데, 여기에는 일찍 퇴직을 강요당하는 '사오정'에 대한 공포도 크게 작용하고 있는 듯하다.

'몸값 올리기'에는 여러 전략이 필요하다. 먼저 자신의 약점과 강점을 파악한 뒤 전문성을 높이면서 개인 홈페이지 등을 활용해 자신을 홍보하는 일이다.

연봉협상을 하는 직장인 중 80%가 자기 연봉에 불만이라는데 사장을 원망하기에 앞서 자신만의 특화된 브랜드 구축으로 몸값을 올리는 방법이 최상일 것 같다.

버핏과의 점심

부자에 대해서는 어느 시대나 냉소적인 것 같다. "부자가 하느님 나라에 들어가는 것보다는 낙타가 바늘귀로 빠져나가는 게 더 쉬울 것이다."는 《성경》구절도 그렇지만, 기원전에 살았던 플라톤은 "대단히 부유하면서 선할 수는 없다."고 단정했다. 《국부론》을 쓴 애덤 스미스는 "한 사람의 부자가 있기 위해서는 500명의 가난한 자가 있지 않으면 안 된다."고 부자들의 탐욕을 비판했다.

아직도 부자들을 대하는 세간의 시선이 그리 곱지만은 않다. 가진 게 많은데 더 가지려 하고, 부를 축적하기 위해서 수단과 방법을 가리지 않는다고 손가락질을 해댄다. 부자들의 정당한 노력은 과소평가된 채, 부를 쌓는 과정 속에서 나타난 부정적인 측면만이 과장되게 부각되는 탓이다.

이러한 부자들에 대한 고정관념이 세계 제2의 갑부인 워런 버핏을 보며 바뀌고 있다. 주식투자로 천문학적인 돈을 벌어 '오마하의 현인' '투자의 달인' 으로 불리는 버핏이 몸소 나눔을 실천하고 있어서이다.

그는 자신의 전 재산 중 85%나 되는 370억 달러를 빌 게이츠 재단에 기부했다. 작고한 부인 수전과 함께 만든 재단이 있는데도 빌 게이츠 재단이 규모가 더 크고 운영을 잘한다는 이유로 여기에 쾌척했다.

2000년부터 해마다 경매에 부치는 '버핏과의 점심' 도 나눔으로 기쁨을 찾자는 것인데 2008년에는 사상 최고 가격인 211만 달러에 낙찰됐다. 점심 한 끼 가격이 무려 24억 원인 셈이다. 그는 이 돈을 무주택 극빈자를 구호하는 샌프란시스코의 글라이드 재단에 전액 기부하고 있다.

'버핏과의 점심' 은 불과 몇만 달러에 불과한 미 연방준비제도이사회(FRB) 앨런 그린스펀 전 의장과 미디어 제왕 루퍼드 머독의 점심경매와는 비교가 안 된다. 부자가 존경받기 힘들다는 통설이 여지없이 깨지는 극명한 사례다.

버핏이 늘 강조하는 말을 찬찬히 음미해 보면 부자가 되는 길과 부를 나누는 정신을 깨닫게 된다.

"날마다 읽고 배워라. 서로 존중하라. 자신이 믿고 존중하는 사람들과 어울려라. 귀담아 들어라."

성형숙려제

성형수술이 그토록 매력을 갖게 된 이유를 '통과 욕구'로 설명한 사람은 미국 일리노이 의대의 샌더 L. 길먼 교수이다. 그는 "자신이 몸담고 있는 집단에서 더 젊고, 건강하고, 날씬하고, 에로틱한 모습으로 통과하고픈 심정이 성형수술로 이어지고 있다."고 분석한다.

이런 연유에서인지 외모가 개인의 능력 이상으로 인식되는 착각에 빠져들면서 밖에 드러나는 신체의 모든 부분을 고치려 든다. 소위 외모 콤플렉스다. 이 같은 현상이 심화되면 성형 중독에 걸려 멀쩡한 외모도 뜯어 고치는가 하면, 사소한 결함에도 과민반응을 보여 수술을 반복하게 된다. 이쯤되면 일종의 정신질환이라 할 만하다.

그래서 대부분의 선진국에서는 성형수술을 받기 전에 반드시 정신과 상담을 받도록 한다. 왜 성형을 하려는지, 성형 중독은 아닌지 등을 꼼꼼히 검사하고, 수술 뒤에 나타날 수도 있는 심리적 부작용을 조언한다. 외모에 대한 지나친 기대를 미리 방지하려는 것이다.

한 발 더 나아가 뉴질랜드 의사협회는 '성형숙려제'라는 새로운 기준을 만들었다. 법원이 성급한 이혼을 막기 위해서 '이혼숙려제'를 두는 것처럼, 성형수술을 앞둔 환자에게 일주일 동안 더 신중히 생각토록 하는 것이다. 성형이 진정으로 좋은 것인지 판단하기가 쉽지 않은 만큼, 충분한 시간을 갖고 전문가들의 상담을 받아 보라는 취지다. 마구잡이 수술에 대한 경고의 의미도 다분하다.

우리 사회는 외국 언론들이 비아냥거릴 정도로 성형 열풍이 거세다. 외모지상주의가 확산되는 데다 소득 수준이 높아졌기 때문이란다. 그래서인지 심지어 '성년의 날' 기념 선물로 코 높이기 수술이 유행하는 지경이다. '단순히 누군가와 닮고 싶다.'는 청소년들의 '맞춤 얼굴'이 자칫 자기 정체성을 잃을 수도 있다는 경고는 아예 뒷전이다.

성형수술은 두말 할 나위 없이 신체 약점을 보완해 자신감을 회복하는 것이다. 그런데 너무 과신한 나머지, 자신만의 개성 있는 모습까지도 애써 바꾸려는 사람들이 많아 안타까울 뿐이다.

샹그릴라 신드롬

영국 현대문학의 대표작가로 꼽히는 제임스 힐튼이 쓴 《잃어버린 지평선》은 대공황 이후 고통에서 벗어나려는 서양인들이 꿈꾸던 이상 세계를 그린 것이다.

이 소설에는 히말라야 산 중의 '샹그릴라(Shangri-La)'라는 마을이 등장하는데 티베트어로 '마음속의 해와 달' 이란 뜻이라고 한다. 이 마을은 한마디로 평생 늙지 않고 영원한 청춘을 누리는 이상향(理想鄉)이다.

샹그릴라는 실현 불가능한 이상 세계란 측면에서는 토머스 모어의 유토피아나 플라톤의 유토피아와 별반 다르지 않지만, 우리 삶이 원하는 바가 무엇인지를 암시해 준다는 점에서 관심을 끄는 것 같다. 그것은 다름 아닌 '젊음' 으로 나이를 거부하는 것이다.

지금 우리 사회에는 40~50대를 중심으로 노후 생활을 젊게 보내고 싶어 하는 징후가 뚜렷해지고 있다. 소위 '샹그릴라 신드롬'이다. 중년 여인들은 '몸짱'이 되기 위해 안간힘을 쓰는가 하면, '아줌마 패션'을 거부하면서 의류와 화장품 등의 소비를 늘려 가고 있다.

남성들도 마찬가지이다. 여기에는 실제 나이보다 어리게 보여 외적 매력을 갖추려는 심리가 짙게 깔려 있다. 엄마를 대신해 가사 및 육아에 적극적인 '슈퍼 대디(Super Daddy)'가 늘어나는 것도 샹그릴라 신드롬과 무관하지 않은 듯하다. 직장 동료나 가족들에게 젊게 보여 하등 나쁠 게 없다는 심산이다. 심지어 노화는 '생리적인 자연현상이 아니라 관리해야 할 질병'이라고까지 여길 정도이다.

수필가 피천득은 "지나간 날의 여인에 대해서는 환멸을 느껴도 누구나 잃어버린 젊음에 대해서는 미련을 갖는다."고 했다. 어떤 작가는 "친구들이 젊게 보인다고 치하할 때는 벌써 자신이 늙어 가고 있다고 생각해도 틀리지 않을 것"이라고 너스레를 떤다.

얼굴과 몸의 외양만 추구하는 샹그릴라의 낙원이 아닌 지평선 너머 영원한 정신의 샹그릴라를 찾는 중년들이 더 많아졌으면 하는 바람이다.

자린고비들이 내놓은 아이디어

서민들의 살림살이가 고달픈 모양이다. 잔술을 파는 술집들이 여기저기 들어서고 담배를 낱개로 파는 가치담배가 등장하는 걸 보면 그렇다.

오래 전 추억 속의 풍경들이 되살아난 느낌이다. 수출이 호황이고 국민소득이 어쩌고 하지만 서민들에게는 선뜻 피부에 와 닿지 않는다. 전원생활이니 웰빙이니 하는 말들은 그저 배부른 사람들의 넋두리로 들릴 뿐이다.

요즈음 젊은이들의 생각도 달라지는 것 같다. 한동안 돈을 버는 재테크에 온통 관심을 쏟더니, 요즘엔 돈을 안 쓰는 '절약테크'에 눈을 돌리고 있다고 한다. 물건을 살 때 쿠폰을 챙기는 건 기본이고, 통신비를 아끼기 위해 삐삐족도 생겼다. 심지어는 LCD모니터 등 전자제품도 손수 부품을 사다가 조립할 정도로 약삭빨라졌다.

"아낄 것은 아껴 보자."는 자린고비들이 마른 수건도 쥐어짜는 형국이다. 그래서 자린고비들이 뽑은 갖가지 아이디어가 인터넷상에서 인기다. 다소 황당한 제안들이 있기도 하지만 '백화점 시식 코너를 이용하라' '전기 코드를 빼놓아라' '전시 용품을 사라' 등의 알뜰 절약법이 그럴 듯하다.

절약은 꼭 생활이 넉넉지 못해 하는 것만은 아니다. 절약 없이는 누구도 부자가 될 수 없다는 것은 상식이다. 록펠러가 석유 한 방울도 아꼈다는 사실은 자주 인용되는 일화다. 지금도 수많은 세계적인 부호들이 캐딜락이 아닌 픽업트럭을 몰고 다니고, 단돈 몇 달러짜리 식사를 하고, 슈퍼마켓에서 양복을 사 입고, 출장 가서는 직원용 숙소를 이용하곤 한다. 경제주간지 《포브스》는 이런 '짠돌이'들의 절약 정신이 곧 '부(富)의 씨앗'이 됐다고 보도하고 있다.

무엇보다 버는 일이 중요하다. 그러나 낭비를 막는 일 역시 그에 못지않게 중요한 까닭에 전투에 비유되기도 한다. 낭비를 적으로 간주해 맞서 싸워야 한다는 얘기다.

"낭비를 없앤다는 것은 새어 들어오는 물을 배에서 퍼내는 작업과 같아 한시도 손을 뗄 수가 없다."는 말이 실감 난다.

결심 도우미

마음처럼 간사한 것이 없다고 했던가. 바위처럼 굳은 결심을 해도 끝까지 지키기가 여간 어렵지 않다. 그래서 결심이 주기적으로 반복되는 것 같다. 결심을 너무 쉽게 포기하며 살기 때문에 작심삼일(作心三日)이라는 말을 자주 하는가 보다.

새해가 되면 누구나 한두 개쯤 자신이 꼭 해야 할 일을 정하고 굳게 다짐을 한다. 금연, 금주, 다이어트, 재테크, 외국어 등 자신의 형편과 처지에 맞는 것들을 택하곤 올해만큼은 기필코 실천하겠다는 의지를 다지고 또 다진다. 자신의 인생을 바꿔 놓겠다는 당찬 결심을 주위에 공포하기까지 한다. 스스로를 구속하겠다는 뜻일 게다.

하지만 며칠 지나지 않아서 마음이 흔들리게 된다. 갖가지 구실을 붙여 흔들리는 결심을 어찌할 수 없다고 둘러대지만, 작심삼일이라는 비아냥은 피해 갈 도리가 없을 듯하다.

원래 작심삼일은 사흘을 두고 생각한 끝에 비로소 마음을 결정했다는 신중함을 의미했다. 그러나 고려 말기 정치적인 혼란 속에서 법령이 수시로 바뀌는 것을 빗댄 '고려공사삼일(高麗公事三日)'과 어우러지면서, 결심이 흐지부지되는 부정적 의미로 변했다.

결심을 실천하기가 어려운 탓에 신년이 되면 '결심 도우미' 상품들이 쏟아지고 있다. 금연보조제나 집에서 쉽게 운동할 수 있는 저가의 운동기구들이 주를 이루고 있다. '올 여름엔 나도 복근 자랑'이라는 식의 타이틀을 내걸고 네티즌들의 결심을 유도하기도 한다. 새해 결심을 담은 이메일을 당사자에게 주기적으로 발송해 주는 쇼핑몰까지 생겼다.

고대 그리스의 철학자 헤라클레이토스는 "처음 결심한 일을 지켜 내지 못하는 것은 잡념에 마음이 끌리는 까닭"이라고 했다. 무엇이든 한 가지 일을 성취하려면 그밖의 다른 일을 생각지 말아야 한다는 것이다. 《단 하나의 결심》을 쓴 미국의 심리학자 주디스 라이트는 어떠한 상황에서도 변하지 않는 '하나의 결심'을 강조한다.

작심삼일도 열 번 하면 한 달이라는데, 이런 결심이라도 안 하는 것보다는 나을 성싶다.

꿈의 40대 만들기

"낙바생(낙타가 바늘구멍을 통과하듯 어렵게 직장을 구한 사람)이 네스팅족(정시에 퇴근하는 고속 승진 기피족)으로 살아가며 체온퇴직(體溫退職)을 면하려 몸부림을 친다. 그런가 하면 면창족(퇴직 압력 속에 일이 줄어 창 밖만 쳐다보는 사람)들은 어떻게든 자리를 지키려 안간힘을 쓴다."

신조어로 묘사된 직장인들의 자화상이 씁쓸하기만 하다. 30대 직장인들조차 실직 공포에 떨고 있을 만큼 체감정년은 갈수록 낮아지고 있다. 불과 몇 년 전만 해도 50대 초반이던 체감정년이 2007년 취업 포털 사이트 커리어가 실시한 설문조사를 보면 49세로 대폭 낮아졌고, 요즈음은 체감정년이 38세라는 뜻으로 '38선'이라는 신조어까지 나왔다. 내집 마련, 자녀교육 등을 책임져야 하는 중요한 시기의 30대, 40대가 심리적으로 흔들리고 있는 것이다.

이러한 체감정년이 현장에서는 훨씬 낮다고 한다. 벌써 40대에 들어서면 '내가 얼마나 직장생활을 더 할 수 있을까?' 하는 고민에 빠져든다. 재취업과 창업 사이에서 갈피를 잡지 못하고 오락가락하는 것이다. 그런데 더욱 심신을 옥죄는 것은 '과연 내가 해낼 수 있을까?' 하는 상실감이다. 유연하지 못한 고용시장도 40대의 슬픔을 부추긴다.

이제 평균 수명이 80세를 넘는 상황에서 퇴직 뒤에 남은 수십 년의 인생지도를 그리는 건 필연적인 작업이 되었다. 미국 하버드대학교의 윌리엄 새들러 교수는 40세 이후 닥쳐오는 30년을 '제3 연령기(The Third Age)'라 지칭하며, 자기 실현을 추구할 수 있는 직업을 가져야 한다고 역설하고 있다. 자신이 주인공이 되는 삶을 살아야 한다는 얘기다.

존 러스킨은 자기 직업에서 행복을 찾으려면 몇 가지가 필요하다고 말한다. 먼저 그 일을 좋아해야 하고, 그렇다고 그 일을 지나치게 해서는 안 되고, 그 일이 성공하리라는 확신을 가져야 한다는 것이다.

체감정년을 맞는 사람들은 '주위가 온통 나만 쳐다보는 것 같다.'는 자괴감을 떨치고 '위기의 40대'를 '꿈의 40대'로 만들어가는 많은 사람들의 경우를 타산지석(他山之石)으로 삼을 일이다.

세상을 바꾸는 생각들

서커스를 보면 집채만 한 코끼리가 조그마한 나무말뚝에 매어 꼼짝을 못한다. 어릴 적 굵은 쇠사슬에 묶여 발버둥을 쳐 봐도 도저히 빠져 나올 수 없었던 탓이다. 이런 자포자기 심정이 어른 코끼리가 돼서도 습관처럼 그대로 남아 있는 것이다.

사람의 경우도 비슷하다. 그저 익숙한 몇 가지 생각만 가지고 이리저리 굴리면서 살아가는 것 같다. 하지만 세상을 변화시키는 인물들을 보면 생각 자체가 전혀 다르다. 과감하게 고정관념을 깨뜨리고 새로운 경지를 개척한다.

《세상을 바꾸는 대안기업가 80인》(실벵 다르니, 마튜 르 루 공저)은 많은 점을 시사하고 있다. 이 책에 등장하는 기업인들은 더 나은 세계를 위해서 '지속 가능한 발전'을 모색하는 사람들이다. 환경친화적인 세제를 만드는 사람, 한 공장의 폐기물이 다른 공장의 자원으로 쓰일 수 있게끔 공장을 설비하는 사람, 은행 경영으로 가난한 이웃에게 무담보 소액 신용 대출을 하는 사람, 농사는 농약이 있어야만 짓는다고 굳게 믿었던 사람들에게 '오리농법'으로 입을 다물게 한 사람. 이들은 조금 더 나은 세상을 꿈꾸는 데 그치지 않고 적극적으로 지속 가능한 세계 건설에 참여하는 인물들이다.

때마침 시사주간지 《타임》은 커버스토리에서 지속 가능한 발전에 대해서 다뤘다. 세상을 움직이는 비밀스런 힘은 돈이나 정치 그리고 경제가 아닌, 바로 '지속 가능한 발전에 대한 생각'이라고 단정했다.

《타임》은 "21세기는 인구가 가득한 지구상에서 인류가 공동의 운명을 가지는 시기가 될 것"이라며 "인류는 공동운명체라는 인식을 바탕으로 지속 가능한 발전을 이뤄야 한다는 생각이 세상을 바꿀 수 있는 가장 위대한 생각"이라고 지적했다.

지금 지구는 기상이변으로 극지방의 빙하가 녹아내리고 대지의 온도는 올라가고 있다. 그런데도 코끼리처럼 어쩔 수 없다는 고정관념에만 사로잡혀 행동은 뒷전이다. 내가 모는 자동차의 이산화탄소를 다소나마 상쇄하기 위해서 산등성이에 나무 한 그루라도 심겠다는 의식이야말로 진정한 '지속 가능한 발전의 생각'이 아닐까.

소牛소笑

　　나는 소를 좋아한다. 그 됨됨이를 좋아하고 내면의 깊은 침묵을 좋아한다. 어린 시절 나는 소와 함께 하루를 시작하고 하루를 마쳤다. 가마솥에 볏짚과 겨를 넣고서 소죽을 쑬 때 문틈으로 새어 들어오는 구수한 냄새를 맡으면서 잠자리에서 일어났다. 들에서 꼴을 먹이다가는 황혼 녘의 워낭소리를 벗 삼아 집으로 돌아오곤 했다.

　　소가 내뿜는 하얀 입김이 신선했고, 낮게 깔리는 울음소리는 멀리 메아리쳐 마치 그리운 누군가를 부르는 듯했다. 궁둥이에 덕지덕지 붙어 있는 손바닥만 한 똥 덩이들은 가난한 우리네 삶을 얘기해 주는 것 같아 정겹기까지 했다.

　　소를 대하면서는 짐승 취급을 하지 않는다. 우공(牛公)이라 부르면서 인생의 귀한 동반자로 여긴다. 의젓한 풍모에서 풍기는 소의 선함에 반해서일까도 싶다. 무심한 듯 그렁그렁한 큰 눈망

울은 모든 희로애락을 담은 것 같고, 되새김질하는 여유로운 입 모양은 유유자적하는 선비의 풍모를 연상케 한다. 여름철이면 날파리에 시달리면서도 서두르지 않고 꼬리로 쫓는 모습이 훈계하는 듯하고, 겨울철이면 입가에 흘러내린 침이 시린 고드름을 만들지만 이 따위는 전혀 개의치 않는다는 표정이다. 낮춰 사는 게 스스로를 높이는 것이라고 태어날 때부터 터득해서일까?

소가 지닌 강인한 의지는 본(本)으로 삼기에 부족함이 없어 보인다. 코뚜레를 한 채 멍에를 지고, 쟁기질을 하고, 수레를 끌면서 평생을 살아가지만 잔꾀를 부리거나 반항하는 법이 없다. 네 다리로 설 수만 있으면 주인을 따라나선다. 죽을 때가 돼서야 옭아맨 고삐가 풀리는 그 속박 속에서도 원망이라곤 어디 한 구석도 없다. 그 충직한 맘씨는 영화 〈워낭소리〉에서 여실히 드러났다. 이런 소에게 사람은 가끔 마음을 주지만 소는 일생을 사람에게 바친다.

소는 내 영혼이 쏠리는 대상이다. 좀체 웃지 않지만 큰 이빨을 드러내면서 웃을 때는 아귀다툼하며 아웅다웅 살아가는 우리네 삶에 해학을 던지는 것처럼 보인다. 소의 웃음은 또 열심히 땀 흘리고 일한 뒤의 희열이기도 하다. "버릴 것이라곤 하품밖에 없다."는 소를 보면서 배워야 할 것이 어디 한둘이겠냐마는, 그중에서도 나는 '소의 웃음'을 닮고 싶다.

인간 됨됨이를 중시한 서당

김홍도의 풍속화를 보면 서당(書堂)의 한 학동이 훈장에게 등을 돌리고 앉아 울고 있는 모습이 나온다. 빙 둘러앉은 학동들은 그를 바라보며 재밌다는 표정을 짓고 있다. 울고 있는 학동은 이미 배운 것을 제대로 암기하지 못해 훈장한테 엄한 꾸지람을 듣고 있는 중이다.

서당에서의 교육은 배운 것을 소리 내어 외우지 못하면 진도를 나가지 않았다. 완전히 외울 때까지 반복된다. 그래서 같이 공부를 시작했다 해도 사람마다 배우는 속도가 달랐다. 섣달 그믐이 되면 그때까지 배운 내용을 달달 외워야 했으니, 빈둥거리며 한눈을 팔거나 주의력이 산만한 아이 교육에는 그만이지 않았나 싶다.

서당 교육의 장점은 또 있다. 자기 자신과 경쟁을 하는 것이다. 배운 것을 지식이 아닌 지혜로 스스로 터득해야 하는 까닭에 같이 공부하는 벗과 경쟁을 할 하등의 이유가 없다. 무엇을 어떻게 깨닫느냐 하는 것이 절대적인 잣대일 뿐 지금의 상대적 평가와는 거리가 멀다. 게다가 훈장은 엄격한 예절과 인간의 도리를 가르친다. 그릇된 언행에는 가차 없이 회초리를 내리친다. 공부보다 인간 됨됨이를 더욱 중시하기 때문이다.

방학 동안 서당 교육이 인기를 끌고 있다고 한다. 서당 집단촌인 청학동 일대는 말할 것도 없고 안동, 전주, 순창, 공주, 이천 등지의 서당에 방학과 동시에 청소년들이 몰린다고 한다. 교육은 일주일 과정의 합숙이 보통인데, 오전 7시에 기상해 밤 10시 잘 때까지 훈장 선생님의 고전 강의, 예절 교육, 전통 놀이 체험이 이어진다고 한다.

다도(茶道)를 하면서 전통 예법을 익히고, 붓글씨를 통해서 마음의 수양도 한다. '흙의 연주' 라고 하는 도자기를 만들면서는 조상의 혼을 느끼기도 한다.

따지고 보면 서당 교육은 일 대 일 교육이나 다름없다. 훈장은 학생과 직접 대화하고 지도를 한다. 훈장과 학생이 따뜻한 성품과 인격을 나누는 것도 서당에서만 할 수 있는 일이다. "몸으로 가르치니 따르고, 입으로 가르치니 반항하네."라는 선현의 말씀은 곧 서당 교육을 지칭한 것 같다.

어린이와 북스타트 운동

디지털시대에 책은 필요한가? 누구나 한번쯤 품어 보는 의문이다. 그러나 상상력을 키우는 데는 책만 한 게 없다고 한다. 사람은 자신의 상상 속에 갇힌 존재라고 하는데 상상이 없다면 새로운 세계를 그리기가 그만큼 어려울 것이다. 호기심을 자극하고, 창의력을 키우고, 지혜를 넓히는 데도 책을 제일로 친다.

특히 어린아이일수록 책은 더욱 소중하다. 아이들에게 책은 보고, 만지고, 생각할 수 있는 놀잇감이나 마찬가지이다. 포근하고 다정한 인성도 그림책이나 소리책, 이야기책에서 비롯됨은 물론이다.

'북스타트(Bookstart) 운동'은 바로 '책과 함께 인생을 시작하자'는 취지 아래 아이들의 독서 습관을 길러 주자는 캠페인이다. 이 운동은 1992년 영국의 한 소도시 도서관 사서였던 웬

디 쿨링의 아이디어에서 출발됐는데, 가장 먼저 실천한 곳은 버밍햄의 아들리 그린메디컬센터였다. 여기에서 검진을 받은 생후 7~9개월이 된 유아가 이상이 없다는 게 확인되면, 부모에게 그림책과 독서 요령이 든 보물상자를 선물했다. 이 그림책은 촉감이 좋고, 흔들면 소리가 나도록 만들었다. 책은 재미난 것이라는 느낌이 들도록 세심한 배려를 한 것이다.

북스타트 운동으로 책을 접한 아이들이 또래 다른 아이들보다 읽고 쓰고 수치를 계산하는 능력에서 앞서자, 이 운동은 영국 전역으로 급속히 퍼져 갔다. 이제는 전 세계 15개국에서 북스타트 운동이 펼쳐지고 있다.

우리나라의 북스타트 운동은 2003년부터 몇몇 지자체를 중심으로 시작됐다. 이제는 전국으로 확산돼 북스타트코리아가 서울무역전시컨벤션센터(SETEC)에서 전국대회를 열어 지자체 간의 정보 교류와 성공 사례를 발표하기도 했다.

북스타트는 아이가 책과 함께 놀 수 있는 기회를 제공할뿐더러 부모에게는 아이 눈높이에서 어떻게 사랑을 전하고 소통해야 하는가를 가르쳐 주는 운동이기도 하다.

무엇보다 상상의 나래를 활짝 펼쳐 줄 수 있는 책이, 세상에 태어난 아이가 처음 받는 선물이 되었으면 하는 바람이다.

한가한 시간을 가질 것

제자들이 아인슈타인에게 물었다. "선생님은 어떻게 학문에 성공할 수 있었나요?" 그는 세 가지를 말했다. '말을 많이 하지 말 것과 생활을 즐길 것, 그리고 한가한 시간을 가질 것' 이었다. 말을 많이 하면 실수가 잦고, 한가한 시간이 없으면 생각할 시간이 없을뿐더러 감정적인 데서 이성적인 데로 돌아갈 여유가 없다는 설명이었다.

성공한 사람들의 공통점은 자신에게 엄격하고, 마음을 다스릴 줄 아는 사람들이다. 흔들리지 않는 의지를 친구로 삼고, 자신의 경험을 훌륭한 조언자로 여기며, 희망을 수호신마냥 떠받들며 살아간다. 그런가 하면 자신이 실천해야 할 덕목을 수첩에 적고서 이를 따르려 애쓰고, 자기 내면의 엄격한 잣대로 인생을 재단하며 생활한다.

미국의 경제전문지 《포브스》가 보도한 방송 · 연예계 인사들의 성공 비결도 이와 다르지 않았다. 《포브스》는 방송가의 프리마 돈나로 불리는 오프라 윈프리, 가수 마돈나와 머라이어 캐리, 배우 브래드 피트, 영화감독 스티븐 스필버그 등 자신의 꿈을 이룬 명사들은 끊임없는 도전, 좋은 친구나 조언자를 찾아 내는 사회적 네트워킹, 실패를 기회로 삼는 열정과 용기가 탁월하다고 분석했다. '기회는 도전하는 사람에게만 주어진다.'는 평범한 진리가 이들을 통해 다시금 확인됐다.

하지만 성공에 이르는 길이 어찌 말처럼 쉬운 일인가. 자신의 능력을 헤아리지 못한 채 과욕을 부린다든지, 성취욕에 사로잡혀 남을 시기한다든지, 자기가 뜻한 일에서 때때로 비켜서서 엉뚱한 길로 들어서는 통에 좌절하곤 한다.

겸손하게 생각하면 성공이란 그리 거창한 게 아니다. 남의 어리석음을 이용하려 하지 않고, 다른 사람보다 좀 더 양심적으로 조금 더 열심히 일하는 게 아닐까 싶다. 성공이라는 열매보다는 그 과정 속에서의 노력이 어떠했는가 하는 것도 하나의 성공 기준일 게다.

아인슈타인의 평범한 성공비결도 그렇지만, "다른 사람들이 성공한 것은 누구나 언제든지 성공할 수 있다."는 생텍쥐페리의 말도 큰 위안이 된다.

콘트라섹슈얼

　요즘은 여성들에게 나이가 차면 결혼해서 아이를 낳고 가정생활에 충실하라고 말한다면 시대에 뒤떨어진 사람이라고 비판받기 십상이다. "결혼은 꼭 해야 하나요?" 라고 반문하기 일쑤며 "나 자신을 위해 사는 게 제일 중요하다."고 거침없이 말한다. 그렇다고 그들이 독신주의자는 아니다. 다만 결혼을 미루면서 직장에서 성공하고 돈 벌기를 바랄 뿐이다.

　이렇듯 자신들의 삶을 중시하는 자유분방한 여성들을 일컬어 콘트라섹슈얼(Contra-Sexual)이라 부른다. 이는 영국의 미래학 연구소가 '반대'의 뜻을 가진 라틴어의 콘트라와 '성'이란 의미의 섹슈얼을 조합한 신조어이다.

　유럽과 미국 등지의 선진국에서는 이런 여성들이 사회의 새로운 조류를 형성하고 있다. 결혼은 곧 속박이며 삶의 질을 깎아내린다는 인식에 대한 반작용이다. 영국에서는 무려 80%에 육박하는 여성이 결혼보다 직업을 우선시할 정도라고 언론들은 호들갑을 떨며 보도하고 있다. 이러한 경향은 여성의 교육 수준과 사회 진출에 비례하면서 가속화되고 있다.

우리나라에서도 사회적 관습에 따라 결혼하던 시대는 끝나 가는 것 같다. 최근 사회보건연구원이 미혼 및 독신 여성을 상대로 조사한 내용을 보면 절반가량이 자신을 콘트라섹슈얼로 평가하는 것으로 나타났다. 결혼을 필수가 아닌 '선택' 으로 보고 있는 것이다. 이같은 콘트라섹슈얼시대의 진입을 두고 학자들은 전통 사회에 대한 정면 도전으로 받아들이기도 한다.

아직도 우리 사회에는 결혼하지 않는 여자를 이기적인 사람으로 애써 폄하하려는 분위기가 있다. 남성 위주의 사회틀이 아직도 강하게 자리 잡고 있는 탓일 게다. 실제 조직을 들여다봐도 남성 중심이어서 여성들의 '보이지 않는 차별(Glass Ceiling)은 곳곳에서 감지된다.

다행히 여성들의 사회 진출은 최근 몇 년 새 전문직은 물론 각 분야에서 괄목할 만한 신장세를 보이고 있다. 좌절과 박탈감에서 서서히 벗어나고 있는 것이다.

콘트라섹슈얼에게 진정 사회적인 역할을 기대한다면 아직도 여성들에게 교묘하게 막혀 있는 조직과 사회의 벽을 허무는 일일 것이다.

'당신의 입술을 열어요'

우리가 꿈꾸는 책의 세계는 대체 어떤 곳일까? 작은 소망들이 모여 아름다운 현실을 만들어 가는 곳이고, 차별 없는 지식을 얻으면서 상상의 날개를 맘껏 펼칠 수 있는 곳이다. 그런가 하면 맑은 영혼을 가진 우리 모두가 미래를 그리는 공간이기도 하다.

참으로 책은 지혜를 주고 삶의 방향을 지시해 주기에 여전히 사랑을 받는 것 같다. 마치 모래밭에서 조개를 줍듯이 책 속 어딘가에서 발견하는 지혜는 인생의 이정표로 삼기에 부족함이 없어 보인다. 조그마한 노력으로 큰 깨달음을 얻을 수 있으니 생각해 보면 이만큼 쉬운 일이 어디 있을까 싶다.

더욱이 요즘 같은 인간 소외의 시대에는 책이 우리의 반려자로 가까이 다가와 있는 느낌이다.

서양 속담은 한층 구체적이다. "생각을 심으면 행동을 거두고, 행동을 심으면 습관을 거두고, 습관을 심으면 인격을 거두고, 인격을 심으면 운명을 거둔다.”고 했다. 이 과정의 단초는 생각인데, 생각의 원천은 바로 책인 것이다.

‘세계 책의 날’에 스페인에선 사랑하는 사람에게 책과 함께 장미를 선물하는 게 전통으로 자리 잡았고, 영국에서는 ‘당신의 입술을 열어요.’ 라는 캐치프레이즈 아래 큰 소리로 책 읽기를 장려하고 있다. 잠자리에 든 아이에게 책을 읽어 주는 ‘베개 밑 독서 캠페인’도 호응이 크다.

우리나라 성인의 한 달 동안의 1인당 독서량은 1권에도 미치지 못한다. 따라서 지식 국력으로 따지면 선진국에 비교할 수 없을 정도로 초라하다.

우리 조상들은 책을 무척 소중히 여겼다. 두보의 시를 인용해 “남자는 무릇 다섯 수레의 책을 읽어야 한다(男兒須讀五車書).”고 역설했다. 공자가 《주역》을 읽고 또 읽어 죽간(竹簡)을 묶은 가죽끈이 세 번이나 끊어졌다는 ‘위편삼절(韋編三絶)’도 즐겨 인용되는 교훈이었다.

키케로는 “책은 소년의 음식이 되고, 노년을 즐겁게 하고, 위난의 도피소가 되고, 여행할 적엔 친구가 된다.”고 했다.

1년 내내 손에서 책을 놓지 않는 수불석권(手不釋卷)의 묘책이 어디 없을까.

인간이 지구의
피부병이다

2006년 '유엔환경보고서'는 지구 온난화의 주범으로 축산업을 지목했다.

육류를 탄소덩어리로 몰아세운 것이다.

온난화 관점에서 보면 지구상의 모든 자동차 배기가스보다

축산업이 더 나쁘다는 것이다. 그래서 나온 슬로건이 하루 한 끼만이라도

채식을 하자는 것이다. 육식을 줄여야 지구가 산다는 얘기이다.

방 안 개미가 재물을 가져온다

늦가을 시골에 가면 감나무 끝에 함초롬히 매달려 있는 홍시가 눈에 띈다. 감을 다 수확하지 않고 까치 등 야생 조류를 위해 남겨 둔 소위 '까치밥'이다. 홍시 하나라도 날짐승과 나누려는 우리네 넉넉한 인심이 돋보이는 풍경이다. 그토록 가난하게 살았던 우리 조상들도 까치밥만은 남길 줄 아는 여유를 가졌다.

동물들에 대한 나눔과 베풂의 정신은 콩 농사에서도 여실히 드러난다. 콩 농사를 할 때는 세 알씩 심는데 한 알은 공중의 새 먹이용이고, 한 알은 땅속의 벌레 먹이용이며 한 알만이 농부의 몫일 뿐이다. 산이나 들에서 음식을 먹을 때 '고수레'라 외치며 음식의 일부를 던지는 행위도 짐승들과의 공생을 의미하는 것일 게다.

한갓 미물이라 할지라도 소중히 여기는 마음은 우리 민속의 속설에서도 엿보인다. 아침 거미는 "기쁜 소식이 올 징조"라며 결코 잡지 않았고, 방 안의 불개미는 "재물을 가져온다."며 죽이는 법이 없었다. 마을에 내려온 산짐승이 비록 해를 끼쳤어도 포획하지 않고 "재수 없다."며 쫓아 보내는 정도였다.

이렇듯 자연 속의 생태계를 유지하려는 지혜가 은연 중 우리 생활 속에 깊숙이 배어 있다. 그러나 '개발'이라는 미명하에 생태계 파괴가 분별없이 자행됐다.

다행히 최근엔 파괴된 생태계를 복원하려는 움직임이 활발해져 다소 위안이 되고 있기는 하다. 금강 하구둑에 인접한 군산시 나포면 십자들 1백30여 만 평 들판에는 수확하지 않은 벼들이 곳곳에 놓여 있다. 겨울 철새들을 위해 남겨 둔 것이다.

일부 농가는 철새 먹이로 벼와 보리를 따로 재배하기도 한다. 이런 먹이들로 인해서 청둥오리와 가창오리, 기러기, 고니 등 몇 십만 마리가 날아들어, 군무를 펼치는 모습이 장관이다.

이곳이 철새마을로 자리 잡기까지는 주민들과 조류보호단체 등의 숨은 노력이 있었음은 물론이다. 끊임없이 밀렵을 감시하고 독극물과 올무 등을 제거해야 했다.

철새와 주민들의 아름다운 동거는 이렇게 시작된 것이다. 감나무 위의 까치밥이나 벼 이삭을 남겨 두는 따뜻한 마음이야말로 사람이 자연과 더불어 살아가는 도리일지 모른다.

야생이어야 야생초지!

봄이면 산과 들 여기저기서 이름조차 없는 들풀들이 저마다 봄날의 향연을 벌이는 듯하다. 누구 하나 돌보아 주는 이 없는데도 갖가지 야생초들은 봄이면 어김없이 언 땅을 뚫고 올라와 끈질긴 생명력을 과시한다.

그저 오가며 잡초러니 하고 무심코 지나쳤던 풀들이 무척이나 사랑을 받고 있다. 유학생 간첩단 사건으로 양심수 생활을 했던 황대권 씨가 쓴 《야생초 편지》 때문이다.

그는 복역 중 만성 기관지염을 고치려고 풀을 뜯어 먹다가 야생초에 눈을 뜨게 됐다고 한다. 황씨는 교도소 한쪽에 화단을 만들어 괭이밥, 돌나물, 방가지똥, 땅빈대 등 이름도 정겨운 토종 야생초를 길렀다. 단순히 키우는 데 그치지 않고 제비꽃, 씀바귀, 질경이 등의 잎을 따서는 들풀모듬을 만들고 물김치를 담가 동료 수인들과 함께 즐겨 먹었으며, 야생초 천연잼을 만들기도 했다. 산국(山菊)과 쑥 등은 말려서 건강차로 마셨다 한다.

그런데 황 씨의 책이 베스트셀러가 되면서 엉뚱한 문제가 불거졌다. 사람들의 관심이 온통 어떤 야생초가 몸에 좋은지, 소위 '야생초 건강법'에 쏠리게 된 것이다. 무엇이든 새로운 것이라면, 그중에서도 건강에 관한 것이라면 사족을 못 쓰는 우리 사회의 '편집증' 때문일 게다.

또 야생초를 무조건 캐다가 정원에 옮겨 심는 경우도 빈번하다고 하는데 풀들이 자라난 토양을 떠나면 이미 야생초가 아니라는 사실을 망각하는 모양이다.

황 씨가 《야생초 편지》에서 진정 던지는 메시지는 우리 인간의 생명만큼 다른 모든 생명들도 소중하며, 개개의 생명은 동떨어져 있는 게 아니고 서로 연관돼 하나의 커다란 생명을 이루고 있다는 사실이다. 생태계 안에서 인간과 야생초는 서로 조화를 이루고 있는데 야생초에만 탐닉할 때 또 다른 생명 파괴가 일어난다는 게 그의 지론이다.

"토종이 사라진 사회, 토종이 사라져도 아무도 슬퍼하지 않는 사회, 그런 세상에 살고 있다. 지금 우리는…"이라고 탄식하는 그의 고백을 들으면, 우리 주위의 들풀 하나하나가 얼마나 소중한지….

한땐 통일호도 특급열차였는데…

기차는 이름만으로도 우리를 설레게 하는데 기차 여행에서 경험한 아련한 추억들이 가물거리기 때문일 게다. 차창 밖에 펼쳐지는 풍경을 바라보며 꿈과 낭만을 키우던 일, 배낭 하나 둘러메고 혼자 여행을 하면서 이웃 좌석의 사람들과 새로운 만남을 즐거워하던 일, 연인과 데이트하며 사랑을 키우던 일, 차창에 기대어 남몰래 흘렸던 눈물, 왁자지껄한 팔도 사투리에 정감을 느끼던 일 등이 다정하게 다가온다.

무엇보다도 기차 여행은 완행열차가 제격이었다. 멈춰 서는 정거장마다 그 지방의 정취에 흠뻑 젖어들 수 있는 데다, 타고 내리는 사람들의 모습에서 질그릇 같은 투박한 삶을 느낄 수 있어서 좋았다. 마음이 내키면 당장이라도 내려 그곳에 몸을 맡길 수 있는 것도 완행열차가 가지는 색다른 매력이었다.

완행열차를 타고 통학하던 학창 시절의 이러저러한 사연들은 언제 들어도 푸근한 느낌을 자아낸다. 매일 같은 시각의 통학열차를 타던 단발머리 소녀에게 수작을 걸던 일, 사시사철 변하는 차창 밖 풍경에 마음을 뺏겼던 사춘기의 설렘, 열차난간을 오르내리며 장난을 치던 일들이 파노라마처럼 스친다.

거의 반세기 동안 사람들의 애환을 간직하고 서민들의 발을 대신해 왔던 통일호가 역사 속으로 사라졌다. 고속철도의 개통으로 노선이 전면 재조정되면서 통일호의 기적 소리가 멈춘 것이다.

6·25 전쟁이 끝난 뒤 1955년 광복절에 맞춰 남북통일을 기원하며 등장한 통일호는 당초 시속 80km의 특급열차였다. 증기기관차의 속력이 시속 50km에 불과했으니, 통일호는 그 빠른 속도로 승객들의 인기를 한 몸에 받을 만했다. 통일호의 명성은 1960년에 나타난 시속 95km의 무궁화호에 가려 시들해지더니 1983년 새마을호가 출현하면서 급기야 완행열차로 전락하고 말았다.

이에 앞서 1967년 운행을 시작한 비둘기호가 한동안 가장 낮은 등급이었으나 2000년에 자취를 감추었다.

고속열차에 밀려 사라진 통일호는 여유로움을 느낄 수 있는 '느림의 미학' 이기도 했는데. 기차에 배어 있던 시골 장터 같은 훈훈한 분위기는 다시 찾아볼 수 없어 아쉬운 마음이다.

마음의 감기

얼마 전 세계보건기구(WHO)는 21세기 인류를 괴롭히는 질병의 하나로 우울증을 꼽았다. 흔히 스트레스라고 쉽게 생각해 오던 우울증이 이제는 삶에 치명적인 영향을 미치는 질병으로 우리를 짓누르고 있는 것이다.

우울증은 일생 동안 누구나 한 번은 경험하는데 병으로 앓는 경우는 여자가 20%, 남자가 10% 정도라고 한다. 여성 발병률이 높은 것은 산후와 임신 중 급격한 심리 변화를 겪고, 남성보다 사회생활의 갈등이 더 깊기 때문이다.

과거 링컨과 처칠도 심하게 앓았다는 우울증은 선진국일수록 많으며 이제 우리나라도 심각한 수준에 이르렀다고 전문가들은 걱정하고 있다. 연간 자살자의 70, 80%에 해당하는 5천 명가량이 우울증 환자로 추산될 정도이다. 교수나 의사 등 전문직 종사자들조차 이 병을 견디지 못해 종종 생을 포기하는 사례가 속출하고 있다.

의학적인 병명은 아니지만 우리가 화병 또는 울화병이라고 일컫는 것도 일종의 우울증이다.

우울증의 원인이 무엇인지는 아직 확실하지 않다. 뇌의 정보를 전달하는 신경전달물질의 화학적 불균형에서 비롯된다고 추측할 뿐이다.

심리적 요인이 더욱 비중 있게 거론되기도 하는데, 가정이나 직장, 사랑, 금전, 신체 등에서 상실감을 느끼거나 조화롭지 못할 때 발병 확률이 높다고 한다. 이 경우 매사를 부정적으로 보게 되며, 부정적인 생각은 우울한 기분을 불러일으키고, 우울한 기분은 부정적인 생각을 더욱 심화시키는 악순환이 계속되면서 우울증으로 치닫게 된다는 것이다.

이 병의 증세는 쉬 피로하고 가슴이 답답하고 식욕이 떨어지면서 체중이 감소하고 밤잠을 설치게 된다. 그래서 만사가 짜증나고 세상일이 귀찮아지는데, 죽고 싶은 충동이 드는 것은 이런 경우이다.

우울증은 듣기 거북한 정신병으로 분류되긴 하지만 그렇다고 숨길 일은 아니다. 우울증을 생활의 여정에서 겪는 '마음의 감기' 쯤으로 생각한다면 결코 겁낼 병은 아니다.

과식은 칼끝보다 무섭다

과연 수명은 무엇이 지배하는가. 더 젊게 오래 사는 방법은 없을까. 오래 산다 해도 건강을 유지하면서 가족이나 사회로부터 '화석' 취급을 받지 않아야 할 텐데 하는 걱정들을 누구나 한다.

그런데 건강하게 오래 사는 장수 혁명의 비결은 다름 아닌 소식(小食)이라고 한다.

노화와 수명 연장에 대한 연구는 미국에서 활발히 진행 중인데 가장 이슈가 되고 있는 것은 '적게 먹는 것'이라고 한다.

하버드대학교 의과대학 하임 코언 박사가 과학전문지 《사이언스》에 발표한 연구 논문에서 "칼로리 섭취를 줄였을 때 수명이 연장되는 것은 노화된 세포가 스스로 죽는 세포사멸 억제 유전자의 활동이 증가하기 때문"이라고 밝히면서 소식에 대한 관심이 더욱 높아졌다.

미국 국립보건연구원(NIH)도 인간과 같은 영장류인 원숭이 실험에서, 캘리포니아 주립대학교는 쥐 실험을 통해 소식이 수명연장에 직결된다는 사실을 증명해 냈다.

사람을 제외한 모든 동물들은 며칠을 굶겼다가 먹거리를 주어도 위를 가득 채우지는 않는다고 한다. 오직 사람만 '목구멍까지 찼다.'는 표현을 쓰면서 숨이 턱에 차도록 음식을 먹는다. 음식을 게걸스럽게 먹는다는 돼지조차 위의 80%만 채우면 만족하고, 5백 년을 산다는 학은 위의 5분의 1 정도만 채운다고 한다.

동서양을 막론하고 세계적으로 장수하는 사람들의 비결을 들어 보면 소식이 핵심이다. 그동안 기네스북에 올랐던 장수 노인들은 예외 없이 평생을 소식하며 살았다. 소식을 하면 내장 기능에 부담이 적어 피로감이 줄어들고 혈액순환이 활발해 몸과 마음이 맑아진다.

발명가 에디슨은 자신을 천재라고 하는 사람들에게 "나는 천재가 아니라 남처럼 먹지 않고 잠자는 시간을 아껴 노력하는 것일 뿐"이라고 대답했다. 많이 먹지 않으니까, 잠을 많이 자지 않고, 그래서 더욱 많은 시간을 활용할 수 있다는 말이다.

심신이 건강한 삶을 위해 소식은 절대적인 것 같다. "과식은 칼끝보다 더 무섭다."는 말을 마음 깊이 새겨야 할 것이다.

나무 이름은 인문학이다

잎에서 푸른 물이 나온다 해서 물푸레나무, 꽃에서 노루 오줌 냄새가 난다 해서 노루오줌나무, 늘 잘났다는 티를 내면서 동네 어귀에 서 있다 해서 느티나무, 떡을 찔 때 시루 밑에 깔았다 해서 떡갈나무, 도토리로 묵을 쒀 임금님 수라상에 올렸다 해서 상수리나무. 이렇듯 재미있는 나무 이름들은 이루 셀 수 없을 정도이다.

나무마다의 특색도 흥미롭다. 물을 좋아하는 버드나무는 독이 없어서 도마나 젓가락으로 사용했고, 또 아스피린과 같은 진통 성분이 있어 진통제로도 사용했다. 이순신 장군이 무과시험을 보던 중 말에서 떨어졌을 때 다리에 버드나무 껍질을 동여맸다는 일화는 이래서 수긍이 간다.

느티나무는 양기가 많아 음기가 센 괴산에 심어졌다고 하는데 괴산의 '괴(槐)' 자는 바로 이 느티나무에서 유래했다고 한다.

더디게 자라는 회양목은 속이 꽉 차서 도장이나 호패에 쓰였지만 그 나무 밑의 물은 먹지 말라고 했다. 석회질이 많아서라고 한다. 영화 〈쥬라기 공원〉에 나오는 메타세콰이어는 멸종 위기에서 벗어나 지금은 인기 있는 가로수로 자리매김되고 있기도 하다.

이렇듯 사람들과 함께 어우러져 살아온 나무들이 모여 숲을 이루고 있다. 그렇기에 숲의 역사는 곧 우리네 삶의 역사이기도 하다.

숲의 가치는 또 어떤가. 물을 정화시키고, 깨끗한 공기를 공급하고, 편안히 쉴 수 있는 안식처를 제공한다. 목재보다는 숲의 부산물가치가 엄청난 것이다. 산림청은 2010년엔 숲의 경제적 가치가 100조 원에 이를 것이라고 한다.

숲이 가르치는 교훈도 되새겨 볼 만하다. 숲은 나무들끼리 경쟁하는 치열한 공간이면서 한편으로는 서로가 어울리는 조화의 참 모습이기도 해서다.

무엇보다 숲은 자연 파괴로 지구가 몸살을 앓으면서 가치가 더욱 돋보이고 있다. 문명으로 상처 받은 숲을 제자리로 돌려놓는 일이야말로 그동안의 과오를 용서받는 첫걸음일 게다. 숲의 보복이 시작되기 전에.

아이들을 회색 벽에서 해방시키자

식물과 곤충 채집이 단골 방학숙제인 시절이 있었다. 그 당시엔 들녘에 핀 야생화나 야트막한 산의 곤충들은 어느 하나 가릴 것 없이 다정한 친구나 다름없었다. 동무들과 어울려 시냇가에서 가재를 잡고, 버들피리나 보리피리를 만들어 부는 재미 역시 여간 쏠쏠하지 않았다. 원두막에서 수박을 잘라 먹는가 하면 가을이면 참새를 쫓는 새 보기에 나서기도 했다. 모두가 자연과 함께한 생활이었다.

오로지 성적에만 매달려 사설학원들을 전전하고, 컴퓨터와 텔레비전에 푹 빠져 있는 요즘 학생들에게는 먼 나라 일로 들릴 법한 얘기들이다. 게다가 한 뼘 공간도 인색한 도시의 회색 벽들은 아이들의 상상력과 정서마저 빼앗아 가는 것 같다.

이러한 생활 환경을 걱정하는 목소리가 커지면서 상대적으로 자연학습에 대한 관심이 높아지고 있다. 서울시에서는 나무를 심고 연못을 만들고 옥상을 녹화하는 '학교 공원화' 사업을 벌이고 있으며, 인천시는 녹지 공간과 생태연못 등을 조성하는 '그린 스쿨(Green Scool)' 운동을 전개 중이다. 일종의 자연학습장인 셈이다.

이러한 자연학습이 학과 성적을 크게 높여 주는 것으로 나타났다. 오스트레일리아 《시드니 모닝 헤럴드》지의 보도에 따르면 어린이들에게 들새 관찰, 두더지 찾기, 지렁이 키우기, 정원 가꾸기 등을 실시한 이후 어학과 수학 등 과목에서 놀라우리만큼 성적이 좋아졌다고 한다. 자연을 접하는 기회가 잦을수록 배움이 더 많아지고 아울러 품성이 순화된다는 것이다.

항상 그곳에 있는 '자연'이 곧 '스승'인 셈이다.

교육서 《에밀》을 쓴 장 자크 루소는 일찍이 "자연을 보라. 그리고 자연이 가르치는 길을 따라가라. 자연은 쉼 없이 아이들을 단련시킨다."고 설파했다.

오스트리아 출신의 영국 철학자인 비트겐슈타인도 "사람을 모범으로 삼지 말고 자연을 자신을 인도하는 별로 삼아라."고 자연예찬론을 폈다.

부모의 성화에 이리저리 쫓기고, 명문학교 진학이라는 지상명제 아래 좀체 마음의 여유를 갖지 못하는 우리 아이들이 '자연' 이라는 느낌을 알기나 할까.

제비에게 해를 입히면 학질에 걸린다

제비는 다른 새들과는 달리 나무에 둥지를 틀지 않는다. 가옥의 추녀 끝에 보금자리를 마련한다. 집집마다 제비부부가 사람과 더불어 정겹게 살아간다.

그래서인지 제비에 대한 사랑은 각별하다. 제비를 잡아 장난친다거나 제비에게 해코지하는 것을 금기로 여긴다. 기호지방에서는 '제비에게 해를 입히면 학질에 걸린다.' 해서 신성시할 정도였다. 공초(空超) 오상순이 제비를 일컬어 "사람과 공통된 지(知)·정(情)·의(義)를 가진 동물"이라 평한 것도 그리 과장되게 들리지 않는다.

제비는 그 생김새가 호감을 준다. 깃털이 가지런해 자태가 품위 있고 날렵한 모습이다. 소리는 애련하면서 맑고 청아하다. 사람이 힘들여 농사지은 곡식을 먹지도 않는다. 삼월 삼짇날쯤이면 어김없이 찾아왔다가 9월 9일께면 강남으로 돌아가는 계절의 전령사이기도 하다. 또 제비가 낮게 날면 비가 올 징조여서 장독 뚜껑을 닫고 고추 방석을 말아야 했으니 똑똑한 일기예보관으로 대접도 받았다.

우체국의 상징을 제비로 정한 것도 제비의 정확성과 신속성, 다정함 때문이었다.

들녘을 시원스레 날아다니고 전깃줄에 나란히 앉아 다정스런 모습을 보이던 제비들이 언제부턴가 눈에 띄게 줄어들고 있다. 지금은 제주도와 남·서해안의 일부 지역에서나 볼 수 있는데 그나마도 개체 수가 매년 급감하고 있다고 한다. 도시에서는 더욱 찾아보기가 힘들어 서울시는 제비를 보호종으로 지정했다. 문화재청에서는 희귀새가 됐다 해서 천연기념물 지정까지도 검토하고 있다.

이처럼 귀한 손님이 복원된 청계천을 찾았다 해서 모두가 환한 얼굴이다. 마치 박씨라도 물고 온 것처럼 호들갑을 떠는 분위기가 그저 재밌기만 하다. 다소 성급하긴 하지만 제비 방문을 청계천 생태계 복원과 연결 짓는 견강부회식의 분석도 들어줄 만하다.

환경을 오염시킨 사람 탓에 집 나간 제비가 제자리로 되돌아오는 것을 보며 환경의 중요성을 다시금 생각해 본다.

왜 자연의 소리는 짜증 나지 않을까?

우리 주변의 자연의 소리를 꼽아 보면 바람 소리, 빗소리, 파도소리, 시냇물소리, 갈대 부벼 대는 소리 등 이루 헤아릴 수 없이 많다. 그런데 이런 소리들을 듣고 있노라면 이상하리만치 마음이 편안해진다.

동물들의 소리는 어떤가. 온갖 새들의 지저귐, 풀벌레 소리, 송아지 울음소리를 들으면서 짜증을 내는 사람은 아무도 없다. 오히려 포근함이 가슴에 촉촉히 스며든다.

이런 감정을 두고, 음악심리학자들은 자연 속 동식물들의 소리에는 '생명의 리듬' 이 있기 때문이라고 설명한다. 음악 용어로는 'F분의 1의 흔들림' 이라고 하는데 일정하지 않은 미묘한 법칙에 의한 리듬을 말한다. 요즘 각광을 받고 있는 일종의 카오스(Chaos)적인 박자와 맥을 같이한다.

이 리듬은 '커뮤니케이션' 이라 해서 음악 치료에도 활용되곤 한다. 정신적 또는 육체적으로 문제가 있을 때 자연의 소리와 교신케 함으로써 마음의 안정을 찾도록 하는 것인데 그 효과가 놀랍다고 한다.

이토록 훌륭한 자연의 소리들이 소음에 묻혀 잊혀져 가고 있다. 자동차 소리, 비행기 소리, 휴대폰의 벨소리, 컴퓨터 자판 두드리는 소리 등으로 주위가 온통 떠들석하다. 도시민들은 온종일 짜증 속에 지내기 일쑤여서 고요함에 대한 동경이 갈수록 절실해지고 있다.

사라져 가는 자연의 소리를 찾자는 소위 '고요 되찾기 운동'이 미국에서 큰 반향을 불러일으키고 있다. 음향 생태학자인 고든 헴튼이 워싱턴주 올림픽 서부공원의 깊은 안쪽에서 아무 인공음도 들리지 않는 희귀한 공간을 발견, 고유한 자연의 소리를 지닌 곳으로 만들자고 나선 것이다. '1평방인치의 고요'라는 이름이 붙여진 이 지역에는 앞으로 항공기들도 날지 않을 것이라고 한다.

자연의 소리로 마음의 여유를 갖자는 운동은 '동트는 새벽 15분간 자연의 소리를 듣자'와 '낮은 목소리로 말하기', 소음의 정도를 나타내는 '고요지도 그리기'와 맞물려 전 지구로 확산되는 추세다. '자연과 나는 하나[合一]'라는 사실을 이제서야 깨닫는 것 같다.

고추가 암세포를 억제한다

영화배우 그레고리 펙과 프랭크 시내트라는 고추광이었고, 지휘자 주빈 메타는 늘 성냥갑에 고추를 넣고 다닐 정도의 고추 매니아였다. 고추 없이 못 사는 우리가 무색할 지경이다.

매운 맛에 열광하는 이유는, 고추의 주성분인 캅사이신이 혀와 입의 신경을 자극하면 매운 통증이 뇌에 전달돼서 신체의 모든 배수시설을 자극하기 때문이다.

이 자극으로 심장이 빠르게 뛰면서 콧물, 눈물, 땀이 나고 위장 활동이 활발해지는데, 이런 신체적 변화가 다시 뇌에 전달되고 뇌에서는 신체가 외부의 공격을 받았다고 판단해 엔돌핀을 분비한다는 것이다. 엔돌핀은 쾌감을 주므로 행복감에 젖어 계속 고추를 먹게 된다는 얘기다. 소위 '엔돌핀 이론'이다.

고추의 매운 맛을 따지자면 한국 고추는 비교가 되지 않는다.

멕시코 유카탄반도에서 재배되는 하바네라 고추의 맵기는 청양고추의 60배가 넘는다. 인도의 버드 아이, 일본의 산타카, 미국의 몸바사도 청양고추보다 훨씬 맵다. 그렇지만 우리 고추는 덜 매운 대신 달고 향기로워 1인당 하루 섭취량으로 보면 세계 어느 나라 국민에도 뒤지지 않는다.

우리나라엔 고추가 임진왜란 때 들어왔지만, 원산지인 남미에서는 기원전부터 재배되었다고 전해진다. 본래 식용으로 쓰였지만 잉카족들은 매운 고추를 쌓아 놓고 불을 질러 스페인 침략자들의 눈을 멀게 했는가 하면, '사랑의 묘약' 으로 통한 고추가 성욕을 자극한다 해서 교도소 음식에서 고추 소스를 제외하기도 했다.

이제는 고추 성분이 항암제 등 신약 개발의 총아로 각광을 받고 있다. 매운 맛을 내는 캅사이신이 암세포를 만드는 미토콘드리아를 파괴한다는 사실을 영국의학연구소 티모시 베이츠 박사 등 여러 학자들이 잇따라 밝혀낸 데 따른 것이다. 자극성이 있는 고추가 위암 발생률을 높인다는 기존의 인식을 완전히 뒤집은 것이다.

무엇보다 우리 음식의 주재료인 고추가 암세포의 킬러로 등장했다니 반갑기만 하다.

빙하가 녹으며 미래가 녹는다

유럽의 풍경이라고 하면 알프스 산맥이 단연 으뜸으로 꼽힌다. 만년설의 산봉우리, 눈이 시리도록 하얀 설원, 언덕이 파도치는 푸른 목장과 아름다운 계곡들, 짙푸른 삼림은 여행객들을 매료시키기에 손색이 없다. 게다가 1만 년 전에 형성된 거대한 빙하가 비치는 호수 또한 한 폭의 수채화와도 같아 탄성을 자아낸다.

이런 알프스도 18세기 이전까지는 아무도 거들떠보지 않는 버림받은 듯한 썰렁한 산일 뿐이었다. 알프스의 속살은 시인 알프레드 하라가 찾아냈다. 그는 '알프스' 라는 시에서 절벽과 급류, 빙괴를 노래하면서 알프스를 일반인들의 품에 안겼다. 제네바 출신인 루소도 한몫 거들었는데, 그는 서간체 연애소설인 《신(新) 에로이즈》에서 산의 지형이 품어 내는 현란한 모습을 그렸다. 이 소설은 아예 '알프스 기슭의 작은 마을에 사는 두 사람의 연애

편지'라는 부제를 달아 출간했다.

좀처럼 자태가 흐트러지지 않을 것 같은 알프스가 심한 몸살을 앓고 있다고 한다. 정상의 빙하가 빠른 속도로 속절없이 녹아내리는 모습은 안쓰러울 지경이란다. 스위스와 오스트리아의 학자들은 이르면 2037년, 늦어도 2050년에 가면 대부분의 알프스 빙하가 사라질 것이라며 걱정이 태산이다. 경제협력개발기구(OECD) 보고서에서도 이를 확인할 수 있다.

벌써부터 강설량이 줄어 국제스키대회가 무산되는가 하면 슬로프에 눈을 퍼다 붓는 일이 빈발하고 있다. 1000m 고지에 꽃이 피고 산기슭에는 흰 눈 대신 푸른 잔디가 자리를 넓혀 가고 있다.

지구 온난화로 인한 이상난동이라고는 하지만, 알프스의 온난화 속도는 지구 전체 평균보다 3배나 빠르다. 당장 스위스은행들이 저지대 스키장이나 인근 상인들에 대한 대출을 꺼릴 정도라고 하니 심각성을 짐작할 만하다.

해결책은 온실가스 배출량을 줄이는 단 한 가지인데 국가 간의 이해 관계로 협약 체결이 난항을 겪고 있다. 우리가 보고 즐기는 자연환경이 훼손되는 것도 안타까운 일이지만, 녹아내리는 만년설과 빙하로 인한 환경재앙이 더욱 큰 공포로 다가온다.

어떻게 걷는 게 좋을까?

《동의보감》을 쓴 허준은 일찍이 걷기의 중요성을 역설했다. 약보(藥補)보다 식보(食補)가 낫고 식보보다 행보(行補)가 낫다고 했다. 어떠한 약이나 음식보다 걷기가 제일이라는 것이다.

사람의 원초적 움직임인 걷기는 그 자체만으로 뛰어난 건강 운동법인데도 별로 주목받지 못했던 게 사실이다. 그런데 최근 들어 걷기의 운동 효과가 의학적으로 속속 증명되면서 걷기에 대한 인식이 확 달라지고 있다.

세계보건기구(WHO)의 '운동 권고문'에는 "하루 30분씩만 걸으면 당뇨, 심장병, 뇌졸중의 위험에서 벗어날 수 있다."고 명시돼 있다. 영국에서는 심장병 환자들에게 약이 아닌 걷기를 처방전으로 내놓을 정도다. 우울증에 효과가 있다는 보고서도 눈길을 끈다.

걷는 발이 인체의 축소판이라는 말이 실감난다. 체내의 모든 장기와 반응하는 경혈이 발바닥과 연결되어 있고 모든 신경기관이 이곳에 몰려 있다. 따라서 발만 잘 관리하면 건강을 챙길 수 있는 것이다. 두 다리가 우리 몸의 의사인 셈이다.

돈 안 들이고 기구도 사용하지 않고 누구나 쉽게 할 수 있는 걷기가 최상의 운동이라고 하니 그저 신통할 따름이다. 제대로 걷기만 해도 건강을 지킬 수 있다는 것인데, 바쁘다는 핑계로 시간 타령을 하는 게으른 사람들에게 안성맞춤의 운동임에는 분명한 듯하다.

그렇다면 어떻게 걷는 게 건강에 좋을까. 전문가들은 시선은 15m 정도 앞을 보고, 어깨 힘을 빼고, 허리를 펴고, 걸을 때는 발뒤꿈치부터 땅에 대라고 조언한다.

흔히 케냐의 마사이족을 예로 들기도 한다. 이들은 목과 허리, 다리를 꼿꼿이 세우고 발바닥 전체로 중심 보행을 한다. 육류를 주식으로 하지만 성인병이 거의 없는 것은 순전히 올바른 걷기 덕분이라고 한다.

걸으면 무엇보다 건강을 챙길 수 있을뿐더러 자연의 변화를 느끼고 게다가 덤으로 사색의 시간을 가질 수 있으니 이만하면 '도랑 치고 가재 잡는' 격이 아닐까.

보리, 가장 오래된 곡식

보리를 생각하면 '보릿고개'라는 말이 가슴 시린 아련한 추억으로 다가온다. 봄이 되면 묵은 곡식이 떨어지고 햇보리는 아직 여물지 않아 부녀자들은 산과 들에서 나물을 뜯어 죽을 쑤어 먹기 일쑤였고, 시래기죽은 그야말로 다반사였다. 춘궁기를 지내기가 오죽 힘들었으면 '보릿고개가 태산보다 높다.'고 했을까 싶다. 보리는 가난과 비루함의 상징이었던 것이다.

이토록 힘들었던 시기에 보리는 곧 주린 배를 채워 주는 희망이었다. 퇴약볕 아래 도리깨질로 보리타작을 하는 일은 힘들다기보다 오히려 즐거움이었다.

보리피리는 아이들의 유일한 놀이기구이기도 했다. 보리 이삭이 필락말락할 때, 보릿대를 적당히 잘라 아랫부분을 입으로 한두 번 깨문 뒤 대롱을 불면 '피릴~리' 하고 나는 소리가 여간 재밌지 않았다.

모든 곡식 가운데서 재배 역사가 가장 오래된 것으로 알려진 보리는 몸에 활력을 불어넣는 정력 식품으로 동서양에서 사랑을 받아 왔다. 로마시대에는 검투사들이 힘을 기르기 위해 보리를 즐겨 먹었기 때문에 '보리 먹는 사람'이란 별명이 붙었다고 한다.

따지고 보면 보리만큼 풍부한 영양을 가진 곡물도 드문 것 같다. 우유와 시금치를 훨씬 능가하는 칼륨과 칼슘이 들어 있는가 하면, 비타민C와 미네랄도 어느 식품 못지않다. 식이섬유는 밀가루의 5배, 쌀의 16배나 된다. 특히 체내 콜레스테롤 함량을 낮추는 것으로 알려진 베타글루칸 등 수용성 식이섬유는 어느 식품보다 높다고 알려졌다.

보리는 웰빙 바람을 타고 그 위상이 달라졌다. 성인병 환자들이 다투어 보리음식을 찾고 있는데 성인병을 예방하는 항산화효소가 다량 함유돼 있어서다.

보리는 영양학적으로뿐만 아니라 많은 양의 탄산가스가 작물 광합성에 활용돼 공기정화에도 크게 기여한다.

《타임》지가 10대 건강식품으로 선정한 보리를 대하는 느낌은 격세지감이다.

꿀벌은 꿀만 만들지 않는다

환경 문제에도 관심이 지대했던 아인슈타인의 예언이 두렵다. "만약 세상에서 벌들이 사라진다면 인류는 4년 정도밖에 존재하지 못할 것이다. 벌들이 없어지면 수분(受粉)작용을 하지 못해 식물이 사라지고 이어 동물도 살지 못할 것이다. 인간도 예외가 아니다."

아인슈타인의 지적처럼 꿀벌은 꿀만 만들지 않는다. 사과, 딸기, 오이 등 우리가 먹는 대부분의 과일과 채소가 꿀벌의 꽃가루받이에 의해 열매를 맺는다. 가축 사료로 사용되는 알팔파도 꿀벌의 수분으로 생산되는데, 이것이 여의치 않다면 육류 생산은 당연히 줄어들게 된다. 결국 그 피해는 고스란히 인류의 몫이 된다.

미국 의회의 한 보고서는 꿀벌이 미국 경제에 기여하는 경제적 가치를 연간 150억 달러로 추산하고 있지만, 이는 숫자상의 계산일 뿐이다. 꿀벌의 실종은 곧 생태계의 대재앙을 예고하는 것이어서 수치는 그야말로 아무 의미가 없다.

그동안 귓전으로 흘려들었던 '꿀벌 재앙'이 현실화되지 않나 해서 지구촌이 술렁이고 있다. 갑자기 꿀벌들이 사라지고 있어서다. 북미와 유럽 대륙, 남미에서 벌들이 떼죽음을 당하고 있다고 한다. 미국에서는 불과 5개월 새 24개 주에서 4분의 1의 벌이 실종됐는데, 당장 세계 최대 아몬드 생산 지역인 캘리포니아에서 꿀벌 확보에 비상이 걸렸다.

더욱 안타까운 것은 원인이 밝혀지지 않고 있다는 사실이다. 기상이변과 유전자 변형 작물 탓이라는 얘기가 있는가 하면 바이러스, 곰팡이, 기생충 등이 용의 선상에 오르내리고 있다.

또 휴대전화의 전자파가 꿀벌의 신경계통에 이상을 일으킨다는 관찰 결과도 보고되고 있으나, 꿀벌 실종의 원인으로 단정하기에는 아직 이른 것 같다.

슬퍼할 시간도 없이 바쁘게 살아간다는 꿀벌이다. 벌은 꽃의 꿀을 따지만 그렇다고 꽃에 상처를 입히지도 않는다. 오히려 꽃이 열매를 맺을 수 있도록 도와준다.

'꿀벌 같은 사람'이 되려고 다짐하는 인간들이 오히려 꿀벌의 생존에 치명적인 결정타를 가하는 아이러니가 지금 지구촌 곳곳에서 벌어지고 있다.

색을 먹다

음식 색깔이 식품 선택의 기준이 되고 있다. 갖가지 색깔의 과일과 채소로 무지개 식탁을 꾸미는 가정이 많아지면서 심지어는 '색(色)을 먹는다.' 는 말이 나올 지경이 됐다. 이처럼 다양한 색깔을 보는 것만으로도 입과 코는 한층 즐겁기만 하다.

한동안 'Five a day' 라 해서 하루에 5가지 색깔의 채소와 과일, 곡류를 섭취하자는 운동이 유행했다. 일종의 컬러푸드(Color Food) 운동인데, 컬러푸드에 함유되어 있는 피토케미컬(Phytochemical)이 우리 몸의 유해한 활성 산소를 막아 주고 새 세포를 만든다 해서 관심을 모았다. 이 운동으로 색깔 있는 음식이 건강과 젊음에 최고라는 인식이 박힌 것은 큰 수확이었다.

미국의 국립암연구센터가 펼친 빨강, 보라, 주황, 노랑, 파랑

등 다채로운 색깔의 식품을 먹자는 캠페인도 같은 맥락이다. 채소와 과일의 색상이 화려하고 짙을수록 피토케미컬의 함량이 더 많다는 보고서를 인용하며 대국민홍보에 적극 나서고 있는 것이다.

최근에는 암을 예방하거나 암세포와 싸우기 위해서는 녹황색 채소보다 빨갛고 푸른 빛깔의 컬러푸드를 먹는 게 더 효과적이라는 연구 결과가 발표됐다. 미국 오하이오 주립대학교의 모니카 주스티 교수팀은 오랜 기간의 실험 끝에 붉고 푸른 빛깔을 만드는 천연색소가 강력한 항암인자로 작용한다는 사실을 밝혀 낸 것이다.

서양 속담에 "토마토가 빨갛게 익으면 얼굴이 빨개진다."고 한다. 토마토가 건강식품이라는 얘기일 터인데, 얼마 전 《타임》지는 토마토가 암예방 식품 1위라고 보도했다.

컬러푸드는 다이어트에도 효과가 있는 것으로 알려지고 있다. 알록달록한 음식을 3가지 이상 섞어 먹으면서 살을 빼는 것으로 세계적인 팝 가수 크리스티나 아길레라가 고안한 다이어트 요법이어서 화제를 모으고 있다.

이런저런 연구와 임상실험들이 설득력을 얻고 있어, 컬러푸드를 즐기는 사람들이 진정한 식도락가로 인정받을 날이 멀지 않아 보인다.

스트레스 활용법

　　어떤 심리학자는 인간을 경주마형과 거북이형 두 부류로 나누어 스트레스의 개념을 설명했다.

　　경주마형은 스트레스가 있을 때 생기가 돌고 행복해지는 반면, 거북이형은 평온한 상태에서만 행복을 느끼는 스타일이다.

　　스트레스라 해서 무조건 나쁜 것은 아니어서 스트레스 자체를 경원시해서는 안 된다는 얘기다.

　　문제는 스트레스를 어떻게 관리하느냐 하는 것인데, 이제는 여기에서 한 발 더 나아가 스트레스를 활용해야 한다고까지 말한다. 스트레스를 하나의 자극으로 받아들여 이를 긍정적 에너지로 승화시켜야 한다는 것이다.

　　한 예로 스트레스를 근력운동에 비유하기도 한다. 무게가 지나치게 가벼우면 근력을 키울 수 없듯이, 스트레스를 너무 적게 받으면 발전할 수 없다는 것이다. 올림픽 신기록은 조용한 연습장에서 만들어지지 않는다. 열광하는 관중들 앞에서 내로라하는 선수들과 경쟁하면서 이루어지는 것과 같은 이치이다. 공부에 대한 스트레스는 시험 성적을 올리고, 업무에 대한 적당한 스트레스는 성과를 올리는 촉매제 역할을 한다.

그러나 스트레스가 과하면 문제이다. 우리 사회는 유독 스트레스가 많아서인지 '한국형 스트레스' 라는 이름까지 붙었다. 직장인들이 일터에서 겪는 스트레스, 명절이 다가오면 주부들이 느끼는 스트레스, 매년 수험생과 학부모들의 속을 태우는 입시 스트레스 등 이루 헤아릴 수가 없다. 하나같이 사회의 동력을 떨어뜨리고, 자신감을 상실하고, 의욕을 꺾는 일들이다.

유교적 문화의 영향도 스트레스의 한 요인으로 지적되고 있다. 자신을 당당하게 내세우지 못하고 속으로만 삭이는 까닭에 이로 인한 고열이나 가슴통증을 호소하는 환자가 많다고 한다.

그렇다면 스트레스 해소는 어떻게 해야 할까. 가장 좋은 방법은 스트레스의 상황을 자기 스스로 통제하고, 운동과 명상을 병행하는 것이다.

누구나 예외 없이 스트레스를 안고 살아가고 있다. 경주마형처럼 스트레스를 자기 삶의 원동력으로 활용할 것이냐, 아니면 스트레스에 함몰돼 버리느냐 하는 것은 순전히 자신의 의지에 달렸다.

웰빙식품 시래기

김장을 하고 나서 무청을 말린 게 시래기다. 시래기는 우리 조상들에게 겨울철 양식이나 다름없었다. 찬물에 우린 시래기에 된장을 풀고서 쌀이나 보리를 넣고 푹 삶으면 한 가족의 끼니는 충분했다. 보기에도 신통치 않은 시래기죽이 춥고 배고팠던 시절, 식탁을 지켜 온 것이다. 등 굽은 소나무가 선산을 지켜 온 꼴이다.

그래서 시인 도종환은 시래기를 '헌신적' 이라고 치켜세웠나 보다. 그는 〈시래기〉라는 시에서 "사람들이 고갱이만을 택하고 난 뒤/제일 먼저 버림받은 것도 저들이다/그나마 오래오래 푸른 날들을 지켜 온 저들을/기억하는 손에 의해 거두어져 겨울을 나다가/(중략)허기를 메우기 위해 서리에 맞고 눈 맞아 가며 견디고 있는 마지막 저 헌신"이라고 했다.

구황 식품이었던 시래기가 새롭게 주목을 받고 있다. 웰빙식품으로는 아주 그만이라는데 구수하고 깊은 맛에 식이섬유가 많고 철분, 칼슘, 비타민 등이 풍부하니 관심을 끌 만하다. 환자들의 건강식으로도 인기라고 한다. 혀끝에서 조악하게만 느껴졌던 시래기가 우리 입맛을 부활시키는 타임머신이 되고 있는 것 같다.

무청이 간암을 억제하는 효과가 있다는 실험 결과가 발표되자 급기야 시래기 품귀 현상까지 벌어지는 판이다.

시래기에 대한 추억도 인기몰이에 한몫을 하는 것 같다. 나이가 들수록 어릴 적 먹던 음식을 찾는다는데 그중 하나가 구수한 냄새를 풍기는 시래기라는 것이다. 시래기 맛을 보면 어머니의 젖 맛을 느낀다고도 한다. 시래기를 드신 어머니의 젖을 빨며 자랐기 때문일 게다. 시래기의 누른 빛은 곧 우리 땅의 빛깔이라고 말하는 사람까지 있다.

요즘처럼 먹거리들이 넘쳐 나는 세상에 시래기가 새롭게 조명을 받는 것은, 모양만 번지르르하고 겉맛으로 혀돌기만 자극하는 음식에 대한 반격이기도 하다.

기운이 없어 보이는 아이에게 "시래기죽도 못 얻어 먹은 것 같다."는 말이 이제는 맥없는 얘기가 됐다. 시래기가 영양식과 다이어트식의 지존으로 등극했기에.

인간이 지구의 피부병이다

2006년 유엔 환경보고서는 지구 온난화의 주범으로 축산업을 지목했다. 육류를 탄소덩어리로 몰아세운 것이다. 지구상 모든 자동차의 배기가스가 온난화에 끼치는 영향보다 축산업의 영향이 더 크다는 사실도 밝혀 냈다. 그래서 나온 슬로건이 '하루 한 끼만이라도 채식을 하자.' 였다. 가급적 육식을 줄여 지구를 살리자는 얘기이다.

북유럽에서는 '고래고기로 지구를 구하자.' 는 이색 운동도 벌어지고 있다. 고래고기 1kg이 만들어지면서 나오는 온실가스 배출량은 1.9kg이지만, 쇠고기와 돼지고기는 각각 15.8kg, 6.4kg이라는 것이다. '고래 구하기'에 나선 국제환경단체들의 결사반대로 실현되기는 어렵겠지만, 지구를 지키려는 마음들이 가상하기만 하다.

대기와 수질, 토양 오염으로 지구의 속앓이는 갈수록 깊어지고 있다. 인간이 저지른 환경 파괴로 인해 인간이 곧 치명적인 앙갚음을 당할 것이라는 여러 경고들이 섬뜩하게 들린다. 그러나 뾰족한 해결책이 눈에 띄지 않는다. 나라 간의 이해가 복잡하게 얽혀 있어서이다.

이런 상황이기에 세계적으로 벌어지는 '지구를 위한 1시간(Earth Hour)' 캠페인이 주목을 받는 것 같다. 2007년 오스트레일리아 시드니에서 시작된 이 캠페인에는 매년 참가국이 늘어 2009년에는 미국, 캐나다, 덴마크, 태국, 말레이시아 등의 24개 도시가 참여했다. 이들 도시의 가정과 사무실에서는 밤 8시부터 1시간 동안 전등과 전기제품의 플러그가 모두 뽑히게 된다. 신음하는 지구를 위해 1시간만이라도 배려를 하자는 취지이다.

서울에서도 전력 소비가 최고에 이르는 8월 한여름이면 온실가스 감축을 위한 행사를 벌인다. '불을 끄고 별을 켜다' 는 정서적인 이름의 행사이다.

환경 문제를 환기시키는 다양한 퍼포먼스가 지구촌 곳곳의 도시마다 열리지만, 갈수록 피폐해지는 지구를 살리기에는 아직 역부족이다.

"지구는 여러 피부병을 앓고 있다. 그 피부병을 야기하는 주범이 인간이다." 니체가 말한 이 경구가 오늘을 사는 우리를 꾸짖는 것처럼 들린다.

웰다잉 Well-dying

"요양소에서는 환자가 의사와 간호사에게 마음으로부터 감사를 전하면서 앞을 다투듯 죽어 간다. 그리고 어떤 환자이든 요양소가 규정한 방법으로 죽는다. 그것이 환영을 받기 때문이다."

라이너 마리아 릴케의 《말테의 수기》에 나오는 얘기다. 누구를 막론하고 언젠가는 죽는다는 사실을 안다. 그런데도 사람들은 죽음이 두려워 언급조차 꺼린다. 죽음을 목전에 두고서는 더욱 생에 대한 애착을 드러낸다. 기사회생의 가망이 영 없는데도 말이다.

그러나 환자 본인에게도 품위 있게 죽을 권리가 박탈돼 있는 게 현실이다.

최근 미국에서 확산되고 있는 '슬로 메디신(Slow Medicine)' 운동, 즉 '느림의 의학'은 바로 이 품위 있는 죽음의 권리를 갖게 해 주자는 것이다. 이 운동의 주창자인 다트머스 메디컬대학교의 매컬러프 교수는 기력 약화로 스스로를 가눌 수 없는 노인들에게 인위적인 치료를 강요하기보다는 안락하게 생을 마감할 선택권을 주어야 한다고 역설한다.

단지 죽음을 미루기만 하는 치료는 거부하는 것으로 일종의 치료거부권인 셈이다. 암이나 치매 등 여러 가지 질병을 동시에 앓고 있는 고령의 노인들일 경우에는 치료 자체가 엄청난 고역이다. 마취, 수술, 방사선투시, 화학요법이 계속해서 진행되면 오히려 환자의 상태를 악화시킨다고 한다. 가족에게 끼치는 가계 부담은 말할 것도 없다.

웰빙(Well-being)이 '잘 먹고 건강하게 사는 것'이라면, 웰다잉(Well-dying)은 '잘 죽기 위해서 어떻게 살아야 할 것인가'를 고민하는 것이다.

죽음에 대해 수많은 철학자와 문학가들이 나름대로의 사상을 피력해 왔지만, 분명한 것은 죽음은 피할 수 없다는 것이다. 그렇다면 죽음을 애써 기피하기보다는 이를 바르게 인식하면서 죽음 이후의 삶에 대한 소망을 간직해야 하지 않을까 싶다.

"훌륭하게 살아가기 위한 최선의 방법은 언제라도 죽을 준비를 하는 것"이라는 《모리의 마지막 수업》의 글귀처럼 말이다.

나이를 다르게 먹다

　　　　　가는 세월, 오는 백발을 어찌 막을 수 있을까. 그러나 이제는 오는 백발은 어느 정도 막을 수 있다. 비록 나이는 먹어 가지만 몸은 청춘이란 얘기다.

　이를 두고 '건강나이' 라 하는데, 같은 40세라 해도 환갑노인처럼 비치는 사람이 있는가 하면, 20대 청년처럼 보이기도 한다. 몸 관리와 생활 습관에 따라 큰 차이가 나는 것이다.

　젊음의 척도인 건강나이가 일반에 알려지기 시작한 것은 그리 오래지 않다. 노화 연구를 하는 예방의학 분야에서 30년 전부터 선보인 건강나이는 미국 시카고 프리츠크 의대의 마이클 로이젠 교수가 임상연구 결과를 발표하면서 대중의 관심을 끌었다. 그는 무려 2만5천여 건의 임상실험을 토대로 인간 수명에 영향을 끼치는 질병, 습관, 환경, 유전 등 125가지 기준을 선정해서 건강나이 계산법을 만들었다. 이것은 곧 인터넷과 저서

《Real age》를 통해 발표되면서 전 세계로 확산됐다.

이어 캐나다의 노화전문가 데이비드 위켄하이저 박사가 영양 섭취, 음주량, 배변 주기, 소금 섭취량, 숙면 여부 등을 기준으로, 일본 나고야 시립대학교의 미토모 다이지 교수는 혈압, 콜레스테롤 간 기능 등 14가지 건강검진 항목으로 건강나이 측정법을 만들었다.

누구나 나이는 똑같이 먹는다. 그러나 저마다 생활 방식이 달라 생체기능이 똑같이 퇴화하지는 않는다. 노화가 어쩔 수 없는 현상이라 해도 건강나이를 낮출 수만 있다면 상당 기간의 수명 연장은 얼마든지 가능하다는 것이 여러 실험결과 속속 밝혀지고 있다.

기쁨이나 슬픔, 노여움, 두려움 등 지나친 감정도 생활습관이나 식생활 못지않게 건강나이에 영향을 미친다고 하니 유의할 일이다.

중국 요순시대의 인물로 알려진 팽조(彭祖)는 무려 800세를 살았다고 한다. 그래서 후세 사람들은 그를 신선이라 불렀다. 이렇게 장수했는데도 부인은 남편의 임종을 맞아 서럽게 울었다고 전해진다. 900세까지도 살 수 있는데 너무 일찍 죽었다는 것이다. 욕심이 끝이 없는 게 수명이 아닌가 싶다.

윤리적 소비의 첫걸음

상품을 선택하는 기준은 가격과 품질이다. 품질이 같은 두 상품이 있다고 할 때는 싼 상품을 구입하는 게 상식이다. 이런 소비를 두고 합리적인 소비라고 한다.

그런데 최근 또 다른 소비 행태가 등장했다. 가격과 품질은 뒷전이고 상품이 나오기까지의 과정을 먼저 살펴보는 것이다. 환경을 해치지는 않았는지, 어린 노동력을 착취하는 비윤리적인 행위는 없었는지, 저개발국의 생산자들과 직거래를 한 공정무역 제품인지를 따진다.

이런 소비를 일컬어 '윤리적 소비(Ethical Consumption)'라 한다. 윤리적 소비는 한마디로 이웃과 환경, 지속 가능성을 생각해서 상품을 구입하는 것이다. 농약을 쓰지 않고, 유전자 조작이 없는 친환경 농산물을 구입하고, 커피 한 봉지를 살 때도 다국적 기업 제품은 아예 손도 대지 않는다. 가격이 아무리 싸도 수입 농산물은 거들떠보지 않는다. 배나 비행기로 수입하면서 그만큼 연료를 소비했기 때문이다.

윤리적 소비가 소비자들 사이에서 일종의 '운동'으로 번지자, 서구의 대기업들은 여기에 발 빠르게 호응하고 나섰다. 스타벅스가 원두커피를 생산자로부터 제값을 주고 수입한다든지, 나이키가 독성 물질의 유출을 막기 위해 새롭게 시스템을 구축한다든지, 까르푸 등 대형 유통업체들이 공정무역 상품을 늘리는 일들이 바로 그것이다.

부도덕한 기업에 대한 불매 운동과 시위는 소비자의 권리로 간주되고 있는 터여서 윤리적 소비는 기업들에게 각성제가 되고 있기도 하다.

'윤리적 소비를 하는 당신은 멋진 사람'이란 인식도 윤리적 소비를 확산시키는 촉매제가 되고 있다.

우리나라에서도 윤리적 소비가 몇몇 시민단체와 소비자생활협동조합을 중심으로 활발히 전개되고 있다. 우선 농산물이 그 대상으로 주체적인 소비자 운동의 성격이 짙다.

윤리적 소비는 비단 상품을 가려 구매하는 일만이 아니다. 비닐봉지나 종이백 한 개라도 덜 쓰겠다는 마음가짐이 윤리적 소비의 첫걸음이다.

섬은 님을 낳는다

　　청산도는 하늘과 산, 들, 바다 게다가 사람까지 푸르다 해서 붙여진 이름이다. 청보리와 유채꽃이 장관이며 논밭 사이로 난 황톳길이 향수를 불러일으킨다. 흙돌담을 두른 초가집과 다랭이 논들은 포근함마저 안겨 준다. 무엇보다 영화 〈서편제〉의 고향으로 잘 알려진 고즈넉한 섬이다.

　　홍도는 어떤가. 섬 전체가 천연기념물이라 해도 손색이 없을 만큼 기암괴석과 노송, 그리고 동굴이 잘 어우러져 있다. 목포와 홍도를 이어 주는 흑산도는 아기자기한 해변과 주변 경치가 환상적인 분위기를 자아낸다.

　　서해 끄트머리의 작고 외로운 섬 어청도는 맑고 푸른 바닷물과 해질녘 등대가 여간 아름답지 않다. 신선이 놀았다는 선유도, 학이 날갯짓을 하는 백령도, 윤선도를 생각케 하는 보길도, 마치 화살에 시위를 재운 것 같은 모양을 한 삽시도.

이 섬들은 행정안전부와 한국관광공사가 선정한 '휴양하기 좋은 섬 30'이다. 삼면이 바다인 한반도에는 '그 섬에 가고 싶다'는 마음이 절로 솟는 아름다운 섬들이 즐비한데, 그중에서도 볼거리와 함께 먹거리와 체험할 내용들을 고려해 일차로 선정했다고 한다.

섬으로의 여행은 육지와는 전혀 다른 감상을 불러일으킨다. 마치 섬을 삼키려는 듯이 달려드는 파도와 망망대해에서 불어오는 바람, 옆에서 속삭이는 듯한 태고의 숨결은 저 깊은 내면의 마음을 후벼 놓곤 한다. 때로는 상념에 잠기기도 하고, 더러는 시적인 감흥에 어찌할 바를 몰라 밤잠을 설치기도 한다. 어디 그뿐인가. 갯바람의 바닷내음에 콧속이 시원해지고, 바닷물에 씻겨지는 조약돌의 모습은 곱기만 하다.

섬의 밤하늘을 보면 감탄이 절로 터져 나온다. 하늘의 별이 너무도 맑고 영롱하고 선연해서 손을 뻗으면 금방 닿을 듯하다.

그래서 시인 고은은 "섬은 사람에게 꿈 혹은 님을 낳는다."고 읊조렸나 보다.

심란한 마음이다. 고단한 삶이랑 잠시 내려 놓고, 한 며칠만이라도 섬으로의 여행을 떠나 보면 어떨까.

씨앗의 재발견

군것질할 게 별로 없던 시절, 해바라기씨는 더할 수 없는 주전부리였다. 앞니 가운데에 해바라기 씨를 물고 적당히 힘을 주면 껍질이 양쪽으로 갈라지는데 입속에 퍼지는 그 고소한 맛은 쉽게 가시지 않았다. 호박 속을 긁어 내 햇볕에 말린 호박씨 역시 한겨울 아이들의 주전부리로는 그만이었다.

생명의 원천이라고 하는 씨앗들은 오래전부터 가정의약품으로도 널리 쓰였다. 태양의 기운을 많이 받은 해바라기 씨앗은 시력이 나쁘거나 몸이 냉한 사람들이 즐겨 먹었다. 호박씨는 젖이 부족한 임산부가 수시로 까 먹었고, 심한 기침에는 가루를 내어 꿀과 섞어 복용했다.

많은 과일과 채소의 씨앗이 약으로 쓰인 사례는 얼마든지 있다. 포도씨는 당뇨나 시력이 나쁜 사람들이, 고추씨는 폐와 기관지가 약한 사람들이, 오이씨는 방광염을 앓는 환자들이 즐겨

먹었다. 감씨는 시퍼렇게 멍든 부위에 가루로 빻아 붙였고, 수
박씨는 신장이나 방광 기능이 약한 사람들이 양쪽 새끼 발가락
옆에 있는 족통곡(足通谷)에 붙였다고 한다.

이러한 씨들이 웰빙 식품으로, 또 특수한 성분이 함유된 것
으로 확인되면서 귀하신 몸으로 거듭나고 있다. 식품산업의 고
부가가치 핵심 재료로 떠오르고 있는 것이다. 이 좋은 걸 왜 그
동안 소홀히 했을까 후회할 정도다.

대박을 터뜨린 대표적인 경우가 포도씨다. 시장 규모가 최근
몇 년 새 1천 억 원으로 커졌다. 고추씨를 사용한 제품이 새로
등장했는가 하면, 유채꽃씨를 재료로 한 제품도 여러 종류가 나
와 있다.

씨를 주재료로 한 제품들이 인기를 끌자, 관련 업체들이 다
양한 식물 씨를 활용한 제품 개발에 올인하고 있다고 한다. 품
종을 가리지 않고 씨를 가져다 실험을 진행 중이다. 웰빙 식품
으로 검증만 된다면 단숨에 히트 반열에 오르게 되니, 씨야말로
블루오션의 효자로 각광받을 만하다.

그 작고 단단한 씨앗이 싹을 틔워 새 생명을 키우는 것만도
신비한데 그 속에 아직 발견되지 못한 귀한 물질들이 있다는 사
실이 경이로울 뿐이다. 삼라만상에 산재한 모든 씨앗의 재발견
이 기대된다.

생의 작별 인사

  '마지막' 이라고 하는 말은 가슴속 깊은 곳에서 뭉클한 감정을 솟구치게 한다. 좋든 싫든 모든 게 당장 단절되면서 미래를 기약할 수 없기 때문이다. 더 이상 만나지 못하고, 보지 못하고, 경험할 수 없다는 것은 생각만 해도 마음이 저린다. 그래서 마지막은 항상 슬픈가 보다.

  알퐁스 도데의 단편소설 《마지막 수업》엔 진한 슬픔이 배어 있다. 독일과의 전쟁에서 패한 프랑스가 알자스 지방을 잃게 되자, 아멜 선생님은 오늘이 마지막 프랑스어 수업이라고 말한다. 그는 "모국어를 굳건히 지키면 감옥의 열쇠를 쥐고 있는 것이나 마찬가지"라고 일깨워 주며, 더 이상 말을 잇지 못한 채 흑판에 '프랑스 만세' 라 쓰고선 수업을 마친다.

  미국의 카네기멜론대학교 랜디 포시 교수가 2007년 9월 피츠버그 캠퍼스에서 행한 '마지막 강의(THE LAST LECTURE)'

에 많은 사람들이 숙연해졌다. 췌장암에 걸려 시한부 인생을 살아가는 교수가 죽음의 얘기가 아닌 꿈과 희망을 설파했기 때문이다. 그는 병상이 아닌 강단에서 암세포가 전이된 10장의 종양 사진을 보여 주고, 아직도 누구보다 힘이 세다며 팔 굽혀 펴기를 하기도 했다.

죽음을 목전에 둔 환자라고는 도무지 믿기지 않을 만큼 쾌활하고 재치 넘치는 강의를 한 포시 교수의 메시지는 이렇다. "절대 포기하지 말아라." "삶은 즐길수록 내 것이 된다." "가장 좋은 금은 쓰레기통 밑바닥에 있으니 애써 찾아라." 어찌 보면 평범하고 많이 들었던 내용인 듯하지만, 자신의 절망적인 순간에도 힘겨워 하는 사람들에게 삶의 지혜를 전하는 것이어서 실로 그 울림이 크다.

포시 교수는 "어떻게 자기 삶을 이끌어 가는가를 얘기하고 싶었다."며, 사실 이 강의는 자신의 어린 자식들인 딜런(5세), 로건(2세)과 이제 막 돌이 지난 클로에를 위한 것이었다는 말로 강의를 끝냈다. 어린 자녀들을 남기고 떠나는 아빠의 절실한 당부가 귓전에 들리는 듯하다.

'세계에서 가장 아름다운 마지막 작별 인사' 라는 언론의 찬사 속에서 수천만 명의 지구촌 사람들이 동영상을 시청한 이유를 알 만하다.

새집, 곤충집에서 배우자

흙과 나무와 돌로 집을 짓는 사람들은 스스로를 아주 대견스러워 한다. 콘크리트로 지은 집보다 수명이 무려 10배나 길고, 나중에 허물어지더라도 모든 게 자연으로 돌아가니 얼마나 환경 친화적이냐는 것이다. 그래서 그들은 흙집 짓기야말로 환경 운동이자 생명 운동이라고 강조하는데, 흙집은 자연과 함께 살아가는 생태 건축의 전형적인 모습으로 비춰지고 있다.

최근 들어 제 손으로 집을 짓는 사람들이 부쩍 늘었다. 귀농을 하는 사람들이나 전원생활을 즐기려는 도시민들이 황토흙집, 통나무집을 짓고 있는 것이다.

스트로베일하우스(Straw Bale House)도 인기인데 단단하게 압축한 육면체의 볏집으로 벽체를 쌓은 뒤 그 위에 흙을 바른 집이다. 옛날 머슴들이 밤새 주인 몰래 뚝딱 지었다고 해서

도둑집으로 불리는 담틀집, 돌로 지은 돌집, 흙과 나무를 섞어 짓는 목천흙집도 여기저기 눈에 띈다.

한결같이 환경을 소중하게 여기는 사람들의 집이다. 집 짓는 일이 흔히 힘들 것이라고 생각하지만 이들의 생각은 다르다. "모든 곤충과 새들은 스스로가 집을 짓고 사는데 사람만 예외일 수 없다."고 강변한다. "남이 지은 집에 사는 건 뻐꾸기가 다른 새의 둥지를 빼앗는 것과 뭐가 다른가?" 라고 반문하기도 한다.

생태 건축의 개념은 1980년대 환경 문제로부터 비롯됐다. 기존의 건축은 자연 자원과 에너지를 효율적으로 활용하지 못하고 오히려 환경오염 물질을 발생시키고 있어서이다.

생태 건축은 바로 이런 건축 문화의 병폐를 줄이기 위한 반성에서 출발했는데 유럽에서 큰 호응을 얻으면서 번져 나가고 있다. 그들은 단순히 집을 짓는 것에 그치지 않고, 태양열이나 풍력에너지를 사용하고 쓰레기도 가능한 한 퇴비로 만들어 땅에 되돌려 보낼 정도로 열성적이다.

자연을 파괴하지 않고, 자연과 공생하려는 생태 건축이야말로 결국 우리들의 보금자리를 지키는 일일 게다. 이제는 도시 곳곳에 들어서는 모든 건축물들이 환경을 따지는 생태 건축의 개념을 적극적으로 고려해야 할 시점에 오지 않았나 싶다.

음식은 인생이다

임어당(林語堂)은 이 세상에서 정말로 기쁨을 가져다 주는 것은 음식이라고 했다. '날씨가 좋은 날 아침, 잠자리 속에서 마음을 가라앉히고는 도대체 무엇이 가장 기쁨을 가져다 줄까.' 하고 생각해 보면 단연코 맨 처음 손에 꼽히는 것이 음식이라는 것이다.

정말이지 음식을 먹는다는 것은 즐겁고 행복한 일이다. 색깔에 반하고, 향기에 취하고, 아름다움에 빠져 즐기는 것이 음식이다. 그래서 구석구석 맛집을 찾아 그 느낌을 만끽하는 미식가, 식도락가들이 부러움을 산다. 오죽하면 "음식을 사랑하는 것보다 성실한 사랑은 없다."고 버나드 쇼가 말했을까.

그런데 이 먹거리가 골칫거리다. 전 세계를 강타한 멜라민 파문은 차치해 두고라도 화학조미료, 방부제, 산화방지제, 살균제 등이 인스턴트 식품에 첨가되면서 음식에 대한 불신이 날로 증

폭되고 있어서이다.

어떤 인공 색소는 천식이나 알레르기를 일으키는 것으로 확인되는가 하면, 일부 첨가물은 정신건강까지도 해칠 수 있다는 섬뜩한 경고가 나왔다.

동물 학대나 무분별한 남획으로 멸종 위기에 놓인 가축과 어류도 큰 쟁점으로 떠올랐다. 도덕적으로 용납될 수 없다는 것인데, 2008년 미국의 외교전문지《포린 폴리시》가 발표한 머지않아 '식탁에서 사라질 5가지 음식'은 이와 관련 있는 것들이다.

우선 거위 간 요리인 푸아그라와 송아지 고기는 억지로 사료를 먹이고 운동을 시키지 않아 인위적으로 간을 키우고 육질을 연하게 만들어 동물 학대 논란이 끊이지 않는 음식이다. 철갑상어 알인 캐비아와 칠레산 농어는 미식가들이 다투어 찾으면서 멸종 위기에 놓인 것으로 알려졌다. 트랜스지방 덩어리로 알려진 프렌치 프라이는 비만 반대 운동가들로부터 엄청난 퇴출 압력을 받고 있다.

시인 박목월은 "그들은 음식에 깃든 인생의 의미를 망각하고 음식을 음식으로서만 대하기 때문에, 혀의 노예가 되고 있다."며 비뚤어진 미식가들을 탓했다. 진정 음식의 기쁨을 맛보면서 절제할 줄 아는 미식가가 아쉽기만 하다.

건강염려증은 정신장애

1989년 미국의 학계 일각에서는 사과에 들어 있는 화학물질 '알라' 가 소아암을 유발할 수 있다는 주장을 제기했다. 화들짝 놀란 부모들은 사과로 만든 음식을 모조리 버리는 등 한바탕 소동을 벌였다. 더 당황한 건 사과 재배업자들이었다.

하지만 이 주장은 이내 잘못된 것으로 밝혀졌다. 보통 소비량의 10만 배 이상을 한꺼번에 지속적으로 섭취해야만 암이 발생한다는 것이었다. 과도한 건강염려증이 부른 어처구니없는 해프닝이었다.

건강은 무관심도 문제지만 과민해도 탈이다. 기침만 해도 혹시 폐에 이상이 있지 않나 의심하고, 위가 쓰리면 위암을, 피부가 조금만 빨개져도 피부암을 걱정한다. 건강에 집착한 나머지 무슨 중병에 걸렸을 것이라는 공포에 휩싸이기까지 한다. 길을 걸으면서 하늘이 무너질까 땅이 꺼질까 걱정하는 기우(杞憂)와 하등 다를 게 없다.

일종의 정신불안장애인 건강염려증은 질병 분류 코드에도 등록된 공식 병명이다. 이 환자들은 저명한 전문의가 소견을 내도 좀체 인정하려 들지 않는다. 이 의사 저 의사를 찾아다니는 닥터쇼핑(Doctor Shopping)을 하는가 하면, 되레 온갖 의학 상식을 들이대며 '나는 정상이 아니다.' 라는 점을 강변하기 일쑤다. 인터넷의 발달로 건강과 질병에 대한 무분별한 정보가 쏟아지는 탓이다.

이런 건강염려증 환자들이 크게 늘고 있다. 연령별로는 40대와 50대가 다수를 차지하고 있으나, 위아래 모든 연령대로 확산되는 추세다.

의사들은 건강염려증 환자의 대부분이 우울증, 사소한 일에도 놀라는 공황장애, 한 가지 일에만 집착하는 강박장애 환자들이라고 말한다. 정신질환자의 증가에 비례해서 건강염려증 환자가 늘어난다는 것이다.

진위(眞僞)를 가릴 수 없는 정보의 홍수 속에서 올바른 건강 정보를 선별해야겠지만, 무엇보다 정신 건강에 절대적인 영향을 끼치는 가족과 이웃들의 따뜻한 체온이 어느 때보다 아쉬운 요즘이다.

습지는 생명의 놀이터

환경시계는 지구 환경의 파괴도를 측정하는 시계다. 인류 생존이 불가능한 환경 상태를 12시로 가정한 시계인데 올해는 9시 33분이다. 처음 측정을 시작한 1992년엔 7시 49분이었고, 2007년엔 9시 20분이었다. 해가 갈수록 분침이 빨라지고 있어 위기감은 더욱 고조되고 있다. 말뿐이 아닌 그야말로 실천적인 환경 보호가 절실해지는 시점이다.

그중에서도 습지는 가장 중요한 환경 보호의 대상으로 거론된다. 홍수를 조절하고, 수질을 정화하고, 기후 변화를 더디게 하고, 생물 다양성을 유지시켜 주는 일을 습지가 담당하고 있어서이다. '지구의 허파' '지구의 콩팥' '생명의 소용돌이' 라는 별명들은 그래서 붙여졌다.

관광 및 문화적 가치 또한 엄청나다. 전 세계 습지의 가치를 따지면 연간 4조 9천만 달러라고 하는데, 생태계 전체 가치의

15%에 이를 정도이다.

환경올림픽이라 불리는 '람사르 총회'가 주목받는 이유는 바로 습지 보전을 지상 과제로 내세우고 있기 때문이다. 1971년 이란의 람사르에서 국제적인 습지보호협약이 체결됐다 해서 그곳 지명을 따서 부르고 있다.

대륙을 돌아가며 3년마다 열리는 람사르 총회가 2008년에는 151개국 2천여 명이 참석한 가운데 경남 창원에서 '건강한 습지, 건강한 인간'이란 주제로 열렸다.

창원에 우포늪이 있어 더욱 의미가 깊었다. 1억4천 년 전 공룡이 살던 자취가 그대로 남아 있는 우포늪에는 천연기념물인 왜가리와 백로, 저어새가 둥지를 트는가 하면, 멸종 위기에 놓인 가시연을 비롯해서 부들, 붕어마름 등 수많은 수생식물들이 저마다 경이로운 모습으로 살아가고 있다. 소금쟁이, 왕잠자리, 장구애비 등 수생곤충을 보고 있노라면 마치 자연을 가슴에 품고 있는 듯한 착각마저 든다.

수많은 생명을 끌어안고 숨 쉬는 습지는 우리 생명과 하등 다를 바 없다. 습지의 무한한 가치는 아랑곳없이 무분별하게 파괴하는 것을 막는 일은 순전히 우리 모두의 몫이다.

12시를 향해 달리는 환경시계의 짤깍 소리가 두렵기만 하다.

정이 없으면 혼도 없다

세족식은 아무도 거들떠보지 않는 후미진 발을 씻겨 주는 것이다.

예수가 십자가에 못 박히기 전날 밤,

최후의 만찬에서 제자들의 발을 씻겨 준 데서

유래한 세족식은 더러운 곳을 닦아 내 허물을 덮어 준다는 의미가 있다.

킹 목사와 오바마니아

역사의 고비마다 으레 명(名)연설이 있었던 것 같다. 그것은 극적인 역사적 사건의 증언이며 동시에 인간 정신의 아름다운 빛이어서 두고두고 사람들의 입에 오르내린다.

평화를 위해 싸우는 정치가들의 절규, 인권을 위해서 목숨을 걸고 저항하는 투사들의 용기, 피압박 민족의 울분을 터뜨리는 혁명가들의 몸부림, 애국지사들의 불덩어리 같은 행동 등이 연설 속에 용해돼 그 시대를 대변해 주고 있기 때문이다.

미국의 흑인 인권운동가 마틴 루터 킹 목사(1929~1968년)의 '나에게 꿈이 있습니다!(I Have a Dream)'라는 연설도 세계 명연설의 하나로 꼽힌다.

1963년 8월 28일 노예해방 1백 주년을 맞아 워싱턴 링컨기념관 앞에는 25만여 명의 군중이 운집했다. 이 자리에서 킹 목사는 인종차별의 심각성을 일깨우고 인권운동의 기폭제가 되는 열정적인 웅변을 했다.

킹 목사는 연설에서 "나는 어린 네 명의 자식들이 어느 날 피부색에 의해서가 아니라 인격에 의해서 가치를 인정받을 수 있는 나라에서 살 것이라는 꿈을 가지고 있습니다."라며 "바로 이 순간의 고난과 좌절에도 불구하고 나는 아직도 꿈을 가지고 있습니다."라고 열변을 토했다.

이 연설을 계기로 흑인 인권운동은 요원의 불길처럼 번져 나갔다. "이 세상에서 이루어진 모든 것은 희망이 만든 것이다."라고 설파했던 킹 목사의 소신은 아직도 흑인은 물론 모든 사람들의 가슴을 때리고 있다.

어느 시대에나 절망과 분노는 있게 마련인데, 지도자가 던지는 한마디에 꿈과 희망을 가질 수 있다면 이보다 더 좋은 일이 있을까 싶다.

미국 대통령이 된 버락 오바마의 연설도 화제가 되었다. 대선기간 중 오바마가 연설을 하는 곳이면 어디든 달려가는 '오바마니아'가 생길 정도였다. 미국 사회의 갈등이 아직도 여전한 상황에서 '희망과 꿈(Hopes and Dreams)'을 소리 높여 외쳤기 때문이다.

희망과 변화를 외치면서 미래의 비전을 만들어 가는 연설들이 우리의 척박한 말 문화와 오버랩되는 듯하다.

뇌가 사랑한다!

흔히 "사랑에 빠지면 눈이 먼다."느니 "사랑에 빠져 눈에 콩깍지가 씌었다."느니 하는 말들을 한다. 누구라도 사랑하는 사람을 만나면 맹목적이 된다는 얘기다.

"사랑을 고치는 약은 없다."거나 "사랑에 빠져 있다는 것은 감각적인 마취 상태에 있는 것"이라는 시구들도 '사랑'이라는 이름의 또 다른 표현일 뿐이다.

도대체 사랑이 무엇이기에 이토록 거대한 힘을 가질까.

이 문제를 풀기 위해서 학자들은 오랫동안 다각적인 연구를 계속해 오고 있는데 영국 런던의 유니버시티 칼리지(UCL) 연구팀이 이를 과학적으로 증명해 냈다.

사랑이라는 감정이 생기면 비판적 사고 기능과 부정적 감정을 관장하는 뇌의 활동이 억제된다는 게 연구 내용의 골자다. 인간의 애정이 감정과 관계 있는 신경망을 마비시켜 개인 간의 사회적 거리를 좁히며 또 한편으론 사랑을 유도하고 쾌활하게 하는 보상회로를 작동시켜 사람들을 연결해 준다는 것이다.

사랑이라는 감정이 두뇌의 작용이라는 것은 이미 밝혀졌다. 흥미로운 점은 사랑의 단계마다 신경조절 및 신경전달물질(호르몬)이 분비된다는 사실이다. 플라토닉 사랑은 도파민에 의해, 에로스적 사랑은 페닐에틸아민이라는 신경전달물질에 의해서 이루어진다고 한다.

상사병이 도지는 단계에 이르면 사랑의 묘약이라고 하는 모르핀 분비가 많아진다. 이런 물질이 만들어지고 상호작용하면서 사랑의 감정이 변해 가는데 그 감정이 영구히 계속되는 것 같지는 않다. 아무리 사랑하는 사이라 해도 남녀가 만난 지 2년쯤 되면 대뇌에 항체가 조성돼 사랑의 물질이 더 이상 만들어지지 않아서이다.

이는 미국 코넬대학교 인간행동연구소의 연구 결과와도 일치하는데, 남녀 간의 뜨거운 사랑은 보통 18개월에서 길어야 30개월이라는 것이다. 그래서 결혼한 뒤는 사랑의 감정보다는 정(情)으로 살아가야 한다고 했나 보다.

사랑의 감정은 세월이 지나면서 어쩔 수 없이 시들해진다. 결국 사랑을 오래 유지하고 지속시키는 것은 지성이나 교양으로 다듬어진 원숙한 인간미가 아닐까 싶다.

사람은 절망에 속는다

‘희망봉(Cape of Good Hope)’ 은 남아프리카공화국의 남서쪽 끝자락에 있다. 그러나 이곳의 원래 이름은 ‘폭풍의 곶(Cape of Storms)’ 이었다. 1488년 포르투갈의 항해가 바스톨로뮤 디아스가 발견한 뒤 명명한 이 지명은, 대서양과 인도양의 한류와 난류가 충돌하면서 늘 성난 파도가 일고 강풍이 불기 때문이었다.

10년 뒤 바스코 다 가마가 이곳을 통과해 인도로 가는 항로를 개척하면서 희망봉으로 이름이 바뀌었다. 절망의 땅이 희망의 신천지가 되면서 희망봉은 단순한 지명 이상의 의미심장한 메시지를 던지고 있다.

특히 새해가 되면 많은 사람들이 이곳을 찾아 희망의 의미를 되새긴다. 몇백 년 전 열악한 환경 속에서도 의지를 꺾지 않고 희망을 찾아나섰던 탐험가들에게서 무언의 교훈을 되새기면서 힘을 얻는 것이다.

희망과 절망은 언제나 존재하게 마련이다. 그런데 우리는 절망 앞에서 너무 쉽게 무릎을 꿇곤 한다. '희망'이라는 끈을 놓아 버리는 것이다. 러시아의 문호 톨스토이가 얘기한 "사람은 희망보다 절망에 속는다."는 말이 새삼 설득력 있게 다가온다.

희망과 절망은 동전의 양면과도 같다고 한다. "절망이란 약한 자에게는 장애물이지만 강한 자에게는 징검다리이다."라는 역사 비평가 칼라일의 말도 의미심장하다.

사람은 조그만 일에도 쉽게 위기를 느끼고 비관한다. 어쩌면 스스로 위기를 만들고 이를 더 두려워하는지도 모른다. 자신을 돌아볼 여유를 찾지 못하고 조급해하며 주위를 원망하는 것은 허튼 일이다. 시냇가의 돌이 물의 흐름을 방해하는 것 같지만 오히려 냇물의 노래를 만든다고 하지 않던가. 그리고 험한 바다가 훌륭한 선장을 만든다고 하지 않는가.

판도라의 상자가 온갖 질병과 불행을 쏟아냈지만 그 속에는 아직 희망이 남아 있다고 한다.

요즈음은 '희망'이라는 단어가 유독 눈에 많이 띈다. 시련과 역경을 오히려 가혹한 스승으로 받아들이면서, 1%의 가능성을 희망으로 바꾸려는 의지가 있는 한 우리는 결코 좌절할 이유가 없다.

짝사랑 병

낭만주의시대, 유럽의 청년들 사이에 자살 신드롬을 불러일으켰던 《젊은 베르테르의 슬픔》은 괴테 자신의 체험을 바탕으로 쓴 소설이다.

이 소설의 주인공 베르테르라는 청년은 어느 마을의 무도회장에서 멋진 춤을 추는 로테를 만나면서 운명적인 사랑을 시작한다. 그렇지만 베르테르는 이뤄질 수 없는 사랑으로 괴로워하다 결국 권총 자살을 하게 된다. 이 소설은 따지고 보면 짝사랑 이야기다.

우리에게도 짝사랑이랄 수 있는 상사병(相思病)이 오래 전부터 회자되고 있는데 그 유래는 이렇다. 중국 송(宋)나라 말기 강왕은 주색에 탐닉한 나머지 시종 한빙의 부인까지도 능욕했다. 분별을 잃은 왕은 한빙에게 죄를 뒤집어씌워 변방으로 귀양을 보냈다. 얼마 뒤 그는 아내를 그리워한 나머지 자살했고, 이 소식을 들은 아내 역시 목숨을 끊었다. 이때부터 상사병은 맺어지지 못하는 사랑을 지칭하는 말이 되었다고 한다.

이렇듯 '맞사랑'에 이르지 못하는 짝사랑이나 상사병이 마음에 커다란 짐이 되는 것만은 분명한 것 같다. 처음에는 기쁨으로 사랑을 하다 이내 마음을 졸이고 마침내 숯검댕이처럼 속이 타들어 가는 게 일반적이어서이다.

반쪽짜리 사랑을 늘 가슴에 품고 사는 탓에 갖가지 형태의 신체 증상이 나타나고 정신적 장애를 일으키는 경우가 허다한데도 이를 대수롭지 않게 여기고 있는 게 사실이다.

영국의 임상심리학자 프랭스 텔리스 박사는 최근 '짝사랑도 병'이라며 의학적인 치료를 주장하고 나섰다. 그는 짝사랑이 사람을 헤어나기 힘든 절망적인 상황으로 몰고 가 극한적 탈진에 이르게 하기 때문에 조기진단과 치료가 반드시 필요하다는 것이다.

조울증과 강박장애를 일반적인 정신신경장애로 보지만 그 기저에는 짝사랑이 깔려 있을 수 있다고 한다. 어쨌든 짝사랑에 빠지면 자칫 바보인형이 되기 십상이다. 상대방이 자기 안에서 너무 크게 미화돼 자신도 모르게 환상 속에서 헤어나지 못하게 되기 때문이다. 바로 그 환상이 문제다.

모나리자의 미소

레오나르도 다빈치가 그린 〈모나리자〉만큼 사람들의 입에 오르내리는 작품도 없을 것 같다. 무엇보다도 관심의 초점은 눈썹이 없는 모나리자가 지닌 그 '미소'이다.

르네상스시대의 걸작으로 꼽히는 이 그림 속의 미소는 무려 5백 년에 걸쳐 마치 수수께끼를 푸는 것처럼 보는 사람마다 구구한 해석을 내리고 있다. 양쪽 입가를 약간 들어 올린 미소를 두고 일반적으로는 신비스럽다고 평하지만, 혹자는 정반대로 크나큰 슬픔을 참고 있는 것이라고 말하기도 한다. 그런가 하면 일부 호사가들은 오랜 시간 모델로 앉아 있는 탓에 팔다리가 저려서 쉬고 싶다는 사인을 미소로 대신 보내고 있는 것이라고 추측한다. 아마도 임신 중이어서 어머니의 행복한 미소일 것이라는 얘기 역시 그럴 듯하게 들린다.

딱 부러지게 말할 수 없는 모나리자의 애매한 미소를 화법(畵

法)에서 찾기도 한다. 사람의 표정을 가늠할 수 있는 입가와 눈 주변을 명확하게 그리지 않고 그림자로 덮는 스푸마토 기법을 원근법과 함께 사용해서이다. 다빈치는 이 기법을 또 하나의 명 작인 〈최후의 만찬〉에서도 사용했다고 한다. 사람마다 다르게 전달되는 미소의 느낌을 이 화법으로 설명하는 게 그리 옹색해 보이지는 않는다.

오랫동안 논란이 되어 온 〈모나리자의 미소〉를 영국의 과학 자들이 컴퓨터로 풀어냈다.

입술의 굴곡, 눈가 주름 등을 수치화한 감정 인식 소프트웨 어로 미소를 분석한 결과, 행복한 표정은 83%, 싫어함 9%, 두 려움 6%, 화냄 2%였다는 것이다. 인간의 복합적인 감정이 모두 섞여 있는 셈이다.

미소를 언급할 때면 부처의 미소가 빠지지 않는다. 해탈과 무 욕을 보여 주는 부처의 미소는 그 자체가 절정이고 극치라고까 지 말한다.

미소는 상대방을 안심시키고 호감을 사는 데는 그만이다. 더구나 각박한 사회생활 속에서의 미소는 인간성을 회복하는 각 성제 노릇을 하고, 폭력을 잠재우는 평화의 사도가 되기도 한 다. 그래서인지 모나리자의 미소는 바라보는 것만으로도 행 복하다.

부부 싸움이 수명을 단축시킨다

어느 부부가 대판 싸움을 벌였다.

화가 난 남편이 "나가 버려!"하고 버럭 소리를 질렀다. 부인은 "내가 못 나갈 줄 알고." 대꾸하며 집을 나섰다.

얼마 안 있어 부인이 돌아왔다. 아직 화가 풀리지 않은 남편은 "왜 돌아왔느냐?"고 따졌다.

"제일 소중한 것을 놓고 갔어."라는 부인의 대답에 남편이 "그게 뭔데?" 라고 묻자 부인이 대답했다. "바로 당신."

이후 남편은 "다퉈서 이혼해 봤자 위자료로 나를 청구할 텐데…"하면서 부인과의 다툼을 웃음으로 넘겼다고 한다.

부부 싸움이 이렇다면 오죽 좋으련만 우리네 가정을 들여다보면 그렇지 못하다. 상소리와 폭력이 오가고 정신적으로 상대를 압박하는 사례가 허다하다. 갈수록 이혼율이 높아지는 게 그 증거이다. 가장 행복하게 만나 가장 불행해지는 경우가 얄궂게도 부부 관계인 것이다.

부부 싸움은 '칼로 물 베기'라 해서 별로 대수롭지 않게 생각한다. '의사소통의 한 형태일 뿐'이라고 애써 변명을 늘어놓기도 한다.

그런데 '부부 싸움이 수명을 단축시킨다.' 해서 관심을 끌고 있다. 미국 유타대학교 심리학연구팀의 조사에 따르면 부부의 말다툼이 동맥경화를 유발시키는 것으로 나타났기 때문이다. 적대적인 언사와 격한 분위기일수록 심혈관질환의 가능성이 더욱 높아진다는 얘기다.

부부 사이는 이성적으로 설명할 수 없는 구석들이 많다. 소홀한 듯하면서도 가장 미더워하고, 자랑하지 않으면서 가장 소중히 여기고, 고맙고 한편 즐거우면서도 굳이 말이 필요치 않은 관계가 바로 부부다. 따지고 보면 갈등이 있을 턱이 없다.

전통적으로 우리 사회에는 부부화락을 강조하는 덕담들이 많다. 거문고와 비파를 타듯 한다는 여고금실(如鼓琴瑟), 남편이 노래하면 부인이 따라한다는 부창부수(夫唱婦隨), 평생을 함께 늙어 간다는 백년해로(百年偕老), 하늘이 정해 준 배우자라는 천정배필(天定配匹) 등이 그것이다.

살다 보면 부부 싸움이 어찌 없을 수 있을까. 부부 싸움을 하더라도 배우자의 심장에 화살을 꽂는 언사만은 피할 일이다.

행복의 계단은 미끄럽다

행복을 얘기할 때는 달라이 라마의 '행복론'이 곧잘 인용된다. 그는 행복을 찾는 첫 단계로 "긍정적인 감정을 갖는 게 얼마나 몸에 이로운가를 배워야 한다."고 한다. '행복에 이르는 길'도 마음 하나에 달렸다고 역설한다.

행복해지기 위해서 더 많은 돈, 성공과 명예, 완전한 육체, 완벽한 배우자가 필요하지 않다는 것이다. 그러나 생각처럼 행복을 찾기는 그리 쉽지 않다. 과거에 대한 후회가 마음을 짓누르고 미래에 대한 불안이 우리를 옥죄고 있어서이다.

걱정과 스트레스가 풀려야 육체와 정신이 행복해질 터인데도 여기에서 벗어나기가 무척이나 힘이 든다. 걱정이 걱정을 낳는 악순환의 고리를 끊어 버리는 일이 선결 과제다.

행복하고 건강한 삶은 모두의 바람이다. 삶이 고달플수록 경쟁이 치열할수록 행복에 대한 염원은 커지게 마련인데, 그 염원은 항상 행복의 문턱에서 좌절되곤 한다. 로마 속담처럼 행복의 계단은 미끄러지기 쉬워서인가 보다.

요즘 하버드대학교에서 '행복론' 강좌가 최고 인기라고 한다. 학부생의 13%나 되는 850여 명이 수강할 정도라고 한다. 책과 씨름할 필요 없이 8시간 이상 맘껏 자고 오라는 게 과제이고, 재미있는 텔레비전의 시트콤 장면 등을 교재로 사용하니 그럴만도 하다.

엄청난 학습량과 시험에 가위눌려 자살 사건이 끊이지 않는 하버드대학교 학생들 사이에서 "행복론 강의 덕에 삶이 변화됐다."는 얘기들이 오가는 것을 보면, 파격적인 강의가 던지는 충격파가 이만저만이 아닌 모양이다.

이제는 기업에서도 '행복 경영'이 화두로 등장했다. 행복 경영의 전도자로 나선 SK의 최태원 회장은 "일하는 과정이 행복을 만들어 내는 과정이고, 행복을 많이 만들어 낼수록 우리와 우리 주변이 행복해진다."고 말해 직원들로부터 큰 공감을 얻고 있다고 한다.

우리의 모습을 살펴보게 된다. 혹여 불평과 짜증이 몸에 배어 있지나 않은지. 행복과 불행은 '마음의 습관'에 달려 있다는데, 이제부터라도 행복한 습관을 들이는 연습을 해야 하지 않을까 싶다.

생을 낭비하고 있다!

앙리 프레데리크 아미엘(1821~1881년)은 세상을 떠난 뒤 비로소 공개된 일기 때문에 명성을 얻었다. 제네바대학교에서 철학을 강의했던 그는 평생을 독신으로 살면서 남보기에 대수롭지 않은 일상생활을 기뻐하며 일기에 담았다. 아미엘은 자신을 지키는 두 개의 기둥을 단순함과 순수함이라고 했다. '아미엘의 인생일기'를 두고 톨스토이는 일기문학의 정수라고 극찬을 아끼지 않았다.

톨스토이도 63년 동안 일기를 썼다. 어릴 적에 부모를 잃은 톨스토이가 대문호가 된 것은 순전히 일기 덕분이라고 해도 과언이 아닌데, 평생 일기를 쓰면서 내면과 싸우고 세상과 맞섰다. 그의 일기 쓰는 습관은 가족과 주변 사람들에게도 큰 영향을 끼쳤다고 한다.

일기는 자기 자신의 기록이기에, 또 스스로를 객관화시켜 돌아보는 시간을 갖는 것이기에 삶의 향기가 녹아 있다. 특별한 일이 아니라 해도, 자신의 다양한 생각을 정리해서 여백에 채워 나가다 보면 어느 한순간도 소홀히 할 수 없게 된다.

55년 동안 쓴 일기를 국립민속박물관에 기증한 박래욱 씨의 경우도 그렇다. 6·25전쟁 통에 아버지는 반동분자로 낙인찍혀 죽음을 당하면서 가족들은 이내 생활고에 허덕여야 했다. 이 고난의 길을 극복하도록 도와준 게 바로 일기였던 것이다. 그의 일기 속에는 목욕비, 돼지고기값, 신문대금까지 미주알고주알 다 써 놓아 우리 경제 역사 자료로도 활용 가치가 높다고 한다.

장애인 할머니가 40년 동안 입으로 쓴 일기장 역시 텔레비전에 공개돼 가슴이 뭉클한 감동을 자아냈다. 22살 꽃다운 나이에 교통사고로 양팔과 한쪽 다리를 잃었지만 일기를 쓰면서 희망의 끈을 붙잡을 수 있었다고 토로한다. 일기가 친구가 되고, 애인도 되고, 때로는 엄마 노릇을 해서다.

이처럼 일기는 고독한 사람의 친구가 되는가 하면 때때로 위로의 손길을 보내기도 한다. 안네 프랑크나 베토벤, 고흐, 카프카 등도 일기를 쓰면서 위안을 받았다고 고백했다.

흔히들 쓸 게 없어 일기를 못 쓴다고 변명을 한다. 생을 낭비하고 있다는 말에 다름 아니다.

발을 사랑하다

틱낫한 스님은 인간의 모든 신체 하나하나가 중요하다고 말하면서도 특히 발에 대해서는 각별한 애정을 표시한다. 걷게 하고, 춤추게 하고, 운전하게 하니 고마울 뿐이라는 것이다. 그런데 스님의 칭송과 달리 발은 푸대접받기 일쑤이다. 신체를 지탱하고 충격을 흡수하는 일을 하면서 무척 혹사당하고 있는데도 인정을 받기는커녕 무관심 속에 하찮게 취급되곤 한다.

게다가 발은 퀴퀴한 냄새 탓에 더럽다는 인식이 강하고 남에게 보이기 부끄러워하는 부위이기도 하다. 갑갑한 구두 속에서 종일 지내야 하니 손이나 얼굴처럼 좋은 것을 만져 보거나 밝은 곳에서 아름다운 것을 보지도 못한다.

또한 발은 인체 중에서도 제일 낮은 곳에 있고 심장에서도 가장 멀리 떨어져 있어서 혈액순환의 장애가 심하고 항상 노폐물과 접하며 살아가고 있다.

아무도 거들떠보지 않는 곳에서 고생하는 발을 씻겨 주는 세족식(洗足式)은 그래서 의미가 있는 것 같다. 예수가 십자가에 못 박히기 전날 밤, 최후의 만찬에서 열두 제자의 발을 씻겨 준 데서 유래한 세족식은 '사랑과 섬김'의 실천이라는 의식으로 전해 오고 있다. 더러운 곳을 닦아 내 허물을 덮어 준다는 의미가 있기도 하다.

세족식은 또한 겸손으로 상징된다. 겸손은 교만을 무력화시키고, 어려운 것을 쉽게 말하고, 해결할 수 있도록 하는 능력을 지녔다. 겸손은 늘 비워 있어서 채울 준비가 되어 있는 마음가짐이기도 하다.

이런 세족식이 이제는 사회 전반으로 확산되는 추세다. 선생님이 제자의 발을, 검사가 재소자의 발을, 의사가 환우들의 발을 씻겨 주고 있다. 선거 출정식에서, 상명하복의 군대에서, 심지어는 부부끼리도 발을 씻기는 자애 어린 의식이 유행처럼 번지고 있다.

내 자신이 가장 아름다워 보일 때는 남 위에 군림하기보다는 사랑으로 상대방을 보듬을 때라고 한다. 세족식이야말로 스스로 낮아져 섬기는 자가 되고자 하는 이런 마음들이 아닌가 싶다.

발걸음, 마음의 무게

지나온 세월을 돌아볼 틈도 없이 참으로 바쁘게 발걸음을 재촉하며 살아간다. 붉게 물든 석양을 바라볼 여유가 없고, 길섶에 핀 자그마한 들꽃을 어루만져 줄 시간도 없다. 챙겨야 할 사람도 많건만 훗날로 미룬 채, 애써 핑계를 대며 스스로를 위로한다. 이렇듯 삶이 버겁다 보니 빨라지는 건 발걸음이다.

영국 허트포드셔대학교의 연구를 보면 발걸음의 속도 변화가 확연히 드러난다. 세계 32개 도시에 사는 사람들의 걸음 속도를 측정한 결과 10년 전에 비해 10%가량 빨라졌다는 것이다. 특히 경제가 활황인 도시일수록 보속(步速)이 빨랐다고 한다. 걸음 속도는 곧 생활의 속도를 반영하는데, 인터넷과 휴대전화 같은 문명의 이기(利器)들이 사람들을 조급하고 더 많은 활동을 하도록 유도한다고 했다.

생각해 보면 발걸음은 '마음의 무게' 라고 할 수 있다. 사랑과 기쁨으로 충만해 있다면 그 발걸음은 가볍고 유쾌할 수밖에 없다.

사랑하는 사람을 향해 한달음에 내딛는 걸음이 어찌 빠르지 않겠는가. 웨딩드레스를 입고서 새로운 인생을 시작하는 신부의 발걸음은 경쾌하다 못해 구름 위를 걷는 기분 그 이상일 것이다.

그런가 하면 슬픔과 두려움이 가득한 발걸음은 더디기만 하다. 이별하는 사람의 발걸음이 가벼울 리 없고, 하는 일 없이 빈둥대며 배회하는 사람의 발걸음은 천근만근일 게 뻔하다.

그렇지만 어느 발걸음이든 그 안에는 '희망' 이 담겨 있다. 슬픈 소식을 듣고서 달려가는 발걸음 속에는 다소나마 희망을 주겠다는 위로와 격려의 마음이 깃들어 있고, 부도를 막으려 은행으로 향하는 발걸음 속에도 실낱같은 기대와 희망이 있다.

당당한 발걸음, 도도한 발걸음은 보기에도 믿음직하다. 소중한 마음을 품고서 내딛는 발걸음이라면 그 발걸음은 설레기까지 할 것이다. 일상의 일일랑 잠깐 젖혀 두고, 어디 공원에라도 나가 자신의 발걸음의 무게를 한번쯤 반추해 보면 어떨까.

죄송합니다

《칭찬은 고래도 춤추게 한다》를 써서 한껏 필명을 높였던 케네스 블랜차드가 후속 책으로 《진실한 사과는 우리를 춤추게 한다》를 내놓았다.

사과의 중요성을 강조한 책이다. 변명이나 회피, 진실성이 없는 사과를 일삼는 사람은 결국 나락의 길로 빠지게 된다는 메시지를 전하고 있다.

집에서든 직장에서든 생활을 하다 보면 누구나 실수를 하게 마련이다. 그렇지만 이를 시인하고 진실을 고백하는 데는 아주 인색하다. 당장 두려움이 앞서기 때문이다. 그러나 상대방에게 자신의 잘못을 솔직하게 사과한다면 그들 사이의 관계는 종전보다 더욱 단단해질 게 분명하다.

사과를 해도 그 요령이 중요하다. 심리전문가들은 자신의 잘못을 명확하게 말하고, 얼굴을 마주 보며 얘기하는 게 좋다고 조언한다. 타이밍도 잘 맞춰야 하는데 가급적 빠른 시간 내에 사과하는 게 감정의 앙금을 쉽게 걷어 낼 수 있다고 한다.

미국에는 '사과(I am sorry)법'이 있다. 의사와 환자 사이의 법으로, 예상치 못한 의료사고나 합병증이 발생했을 경우 의사가 '죄송하다'고 말하는 것이다. 이 말이 자기 실수를 인정하는 법적 증거로는 채택되지 않지만, 의료 분쟁을 줄이는 데는 아주 효과적이라고 한다. 의사의 진심 어린 사과가 환자는 물론 가족들의 격앙된 감정을 억제해 주기 때문이다.

사과를 잘하는 사람은 돈도 많이 번다고 한다. 미국의 여론 조사 전문기관인 조그비 인터내셔널이 최근 조사한 자료를 보면 고소득자일수록 '죄송합니다' 라는 말을 자주 하는 것으로 나타났다. 성공한 사람들은 자신의 실수에서 오히려 교훈을 얻으려 하고, 인간관계에 신경을 쓰는 까닭에 사과하는 일을 주저하지 않는다고 한다.

우리가 들으면 즐거운 말이 몇 개 있다. '감사합니다', '실례합니다', '수고하세요.' 등이다.

'죄송합니다(I am sorry).' 역시 기분 좋은 말이다. 이 한마디가 비난의 손가락질을 금세 연민의 동정으로 바꾸는 마력이 있다니 흥미롭기 만하다.

행복의 걸림돌

고대 그리스의 철학자 에피쿠로스는 마음에 동요와 갈등이 없는 고요한 상태를 행복이라고 했다. 그렇다면 마음의 평정은 어떻게 이룰 수 있는가.

그는 '성취'를 '욕구'로 나눈 '행복의 값'으로 이를 설명하는데, 욕구가 무한하면 아무리 성취해도 그 값은 영(0)이 되기 때문에 전혀 행복을 못 느낀다는 것이다. 욕망을 줄이는 것만이 곧 행복에 이르는 지름길이라는 얘기다.

플라톤도 견해를 같이하는 데, 그는 행복의 조건으로 다섯 가지를 꼽았다. 재산은 먹고 살기에 조금 부족하고, 외모는 모든 사람이 칭찬하기에 약간 떨어지고, 명예는 자신의 생각보다 절반밖에 인정받지 못하고, 체력은 남과 겨루었을 때 한 사람에게는 이기되 두 사람에게는 지고, 말솜씨는 연설을 할 때 청중의 절반 정도가 박수를 치면 된다고 했다.

이 다섯 가지 조건의 공통점은 바로 '부족함'이다.

여기에 비추어 본다면, 우리 사회의 행복 조건은 거꾸로 가는 것 같다. 얼마 전 국내의 유수한 연구소가 내놓은 한국인의 의식 구조를 보면 젊을수록, 남보다 잘산다고 생각할수록, 많이 배울수록, 상대방으로부터 신뢰를 더 받을수록 행복을 느끼는 것으로 나타났다. 항상 자신을 남과 비교하면서, 더 많은 욕망을 채우려 하면서 행복을 찾는 것이다.

통계청이 사회의 주요 통계를 분석해 행복한 대한민국을 저해하는 몇 가지 요인을 선정한 것도 매우 시사적이다. 행복을 가로막는 요인을 남이 아닌 바로 자신에게서 발견하라는 충고가 큰 공명으로 울린다. 자기 계발에 너무 소홀하고, 텔레비전이나 컴퓨터 앞에서 지나치게 많은 시간을 보내고, 봉사나 기부에 인색하고, 가족을 위한 노력이 부족한 점들이 행복의 걸림돌로 작용하고 있다고 지적한다.

생각해 보면 행복은 지극히 일상적이고 작은 일 가운데 있다. 적은 것을 귀히 여길 줄 알고, 사소한 일에 감사할 줄 알고, 이웃을 배려하고, 비교하는 일을 가급적 삼가고, 자기 분수를 알고, 자연의 변화를 보며 생의 환희를 느끼는 마음이야말로 진정한 행복이 아닐까.

포커페이스

　　사람들은 큰 불행에 대해서는 쉽게 체념을 한다. 그러나 조금 서운하거나 기분 나쁜 일에 대해서는 좀체 감정을 억제하지 못하는 경향이 있다. 큰 사건에는 관대하면서 사소한 일에는 민감하다고나 할까. 하루에도 이런 서운한 기분이나 기분 나쁜 일들이 수없이 일어나는데, 자칫 감정 조절이 안 돼서 예기치 못한 문제들이 터지곤 한다.

　　그래서 종종 포커페이스가 거론된다. 감정의 동요가 없는 듯이 얼굴에 평상심의 표정을 지으면서 속마음을 드러내지 말라는 것이다.

　　직장 생활에서 포커페이스는 유용하게 쓰인다. 상사에게 어려움을 건의하거나 까다로운 상부의 지시를 아래에 전달할 때, 자신의 판단과는 무관하다는 느낌이 들도록 차분하고 건조한 말투를 쓴다. 감정을 최대한 절제하는 얼굴 표정을 상책으로 여기는 일종의 위장술인 셈이다.

특히 우리나라 직장인들은 감정 조절을 잘하는 것으로 나타났다. 리서치 전문기관인 엠브레인의 조사를 보면 직장인들의 93%가 화가 나도 안 난 척하는 포커페이스를 유지한다고 대답했다. 가장 큰 이유는 자신에 대한 평판이 나빠질 것을 우려해서라는데, 순수한 감정이 아님은 물론이다. 마치 거대한 사회 드라마 속의 연기자처럼 속내를 감추고 지내는 직장인들의 마음이 편할 리 없다. '내가 왜 이래야 되나.' 자탄하며 우울증을 호소하는 사람들이 많다고 한다. 원래의 감정과 성격을 드러내지 못해 겪는 울화병이기도 하다.

1차 2차로 이어지며 만취해야 직성이 풀리는 우리 음주 문화도 이 같은 직장 문화와 무관치 않아 보인다.

속마음을 감추고 다르게 행동하는 포커페이스에는 상대방에 대한 불신이 깔려 있다. 자신의 감정을 있는 그대로 표현하면 미움을 사고, 결국 앙갚음으로 돌아올 수 있다는 피해 의식이 포커페이스를 부추기고 있는 것이다.

감정은 외부와 소통하는 창이라는데 그 창에 서리가 끼어 흐려진다면 대인관계의 빨간신호등이 켜진 것이나 다름없다. 억지로 감정을 삭여 감추기보다 자연스럽게 감정을 승화시키는 자신만의 방법을 터득해야 할 것 같다.

나이 들수록 사랑이 흘러야 한다

샌드라 데이 오코너는 미국 사법 사상 최초의 여성 연방대법관이었다. 9명으로 구성된 연방대법관들은 '현인'으로 불릴 만큼 명예를 한 몸에 받고 있으며 임기도 종신이다. 오코너는 진보와 보수가 첨예하게 대립하는 법정에서 캐스팅 보트를 행사해 합리적인 판결을 이끈 사람으로도 유명하다. '중도의 여왕(Queen of Center)' 이란 애칭도 그래서 붙었다. 재조(在曹)에 있을 땐 오랫동안 '세계에서 가장 영향력 있는 여성' 이기도 했다.

이처럼 막강했던 오코너가 갑자기 법복을 벗었다. 이유는 "알츠하이머(노인성 치매)에 걸린 남편을 간병하고 싶어서."라고 했다. 평생의 반려자인 남편을 홀로 둘 수 없어서 그 명예로운 자리를 훌훌 털고 나온 것이다.

미련 없이 떠났던 그녀가 또 한 번 진한 감동을 주었다. 17년

째 투병 중인 남편이 요양원에서 다른 여성과 사랑에 빠졌는데, 오코너는 이를 시기하기는커녕 "남편이 평안을 찾고 행복해한다."며 기쁨을 감추지 못했다고 한다. 기억이 지워지고 육체마저 성치 못한 남편에게 연인이 생긴 것을 보며 그나마 위안을 받지 않았나 싶다.

학자들은 노년의 사랑은 젊은 시절의 사랑과는 판이하게 다르다고 말한다. 청춘기의 연애는 자기 중심적이어서 편협하고 일방적이지만, 황혼의 사랑은 상대가 더욱 행복해지길 바란다고 한다. 나이가 들면 어느 순간 사랑과 미움, 질투와 분노가 희미하게 뭉개지면서 측은지심만 남게 된다는 얘기와도 통하는 것 같다.

시인 황지우는 "그대와 더불어 최선을 다해 잘 늙은 다음, 힘없는 소리로 '임자, 우리 괜찮았지?'라고 말할 수 있을 때, 사랑한다는 말은 그때나 가서 할 수 있는 말일 거야."라고 황혼의 사랑을 정의했다.

정말 사랑하는 사람에게는 사랑을 말하지 않고 확인하려고도 하지 않는다. 그저 보는 것만으로 즐거울 뿐이다. 오코너의 지극한 사랑을 애써 외면하며 부끄러워하는 사람들은 누구일까 생각해 본다.

욕심을 부리면 번뇌가 찾아온다

"움켜잡으려 하면 할수록 소멸되고, 가지려 하면 할수록 공허해지는 우리의 삶. 무엇으로 나의 삶을 풍성하고 행복하게 할 수 있을까? 진정한 내 것을 얻으려면 내려놓아야 한다."

이용규 씨는 《내려놓음》이란 책에서 "욕심과 집착을 모두 버려라."고 외치며 미처 깨닫지 못한 영혼을 일깨우고 있다. 그는 힘겹게 쌓아 올린 명예나 꽉 움켜쥐고 있는 재물을 모두 내려놓을 때, 비로소 진정한 쉼과 참된 평안을 누릴 수 있다고 강조한다. 명예나 재물은 분명히 '내 것'처럼 보이지만 사실은 당장 내려놓아야 할 대상이라는 것이다.

이용규 씨는 하버드대학교에서 역사학 박사학위를 받고 가족과 함께 몽골로 달려가 선교사로 사역 중이다. 하나님의 놀라운 체험과 깨달음을 바탕으로 쓴 《내려놓음》이 특정 종교를 떠나

잔잔한 감동을 일으키자, 이번엔 《더 내려놓음》이란 책에서 못 다한 얘기들을 전하고 있다.

"아직도 마음 깊은 곳에 남아서 포기하지 못한 게 있는가? 힘 들어도 끝까지 버리지 못하고 붙잡고 있는 것은 없는가?" 라고 되물으며, 더는 깨뜨리지 못하고 여전히 두 손을 움켜쥐고 있는 사람들에게 경종을 울리고 있다.

'내려놓는다' 는 것은 '낮아지는 것' 만큼이나 지극히 어려운 일이다. 막상 이를 실행하려 하면 '빼앗기지 않을까?' 하는 불 안이 먼저 엄습한다. 설사 '내려놓겠다' 고 작정을 해도 속마음 에는 보상 심리가 깔려 있다. 누구나 부와 권력을 가지면 묘한 기쁨을 느끼면서, 더 강해지고 더 부유해지려는 욕망이 더욱 커 지기 때문이다.

내려놓음은 무소유(無所有)와도 상통하는 구석이 많다. 무소 유는 '무엇을 갖는다는 것은 한편으론 무엇에 얽매이는 것' 일 테니 말이다. 곧 많이 갖고 있다는 것은 재물이나 인간관계의 그 물이 그만큼 촘촘히 얽혀 있는 것이니 필요한 만큼만 소유하는 지혜가 아쉽다.

"욕심을 부려 번뇌를 사지 말라!"는 경구가 마음속에 크게 울 리는 까닭은 왜일까.

'나'를 쓴다

훌륭한 자서전을 읽으면 감동이 일렁인다. 그 사람의 진솔한 삶의 편린들이 공감의 파도가 되어 가슴속 깊이 밀려와서이다. 때로는 범접할 수 없는 탁월한 의지와 능력에 감탄이 절로 나온다.

안데르센의 자서전에서는 가난한 구두 수선공의 아들이 문학의 열정을 키워 가는 과정을 엿볼 수 있고, 간디 자서전에서는 어떤 폭력에도 맞설 수 있는 위대한 영혼을 발견하게 된다.

아우구스티누스의 자전적인 《참회록》에서는 그토록 방탕했던 그가 기독교인으로 거듭나는 순간이 너무도 사실적이어서 숙연해지기까지 한다.

이처럼 훌륭한 인물들의 전유물로만 여겨졌던 자서전이 이제는 보통 사람들에게도 관심거리가 되었다. 순전히 자기관리를 위한 것인데 자신의 행적을 회상하면서 현재의 좌표를 생각하고 미래를 설계할 수 있어서이다. 인터넷이나 블로그에 친근해지면서 글쓰기의 두려움이 없어진 것도 한 요인일 게다.

자신의 자서전을 쓰겠다는 사람들이 많아지자, 중·장년층을 대상으로 한 강좌들이 잇따라 개설되는가 하면, 관련 단행본도 여러 권 출간됐다.

린다 스펜스의 《내 인생의 자서전 쓰는 법》에서는 구체적인 방법까지 제시한다. 과거를 돌이켜 보게 하는 480개의 질문을 던지면서 자신의 삶을 정리하도록 유도하는 것이다. "별자리를 보면서 품었던 희망은?" "지난 인생에서 가장 행복했던 순간은?" 하는 식이다.

살다 보면 끝이 보이지 않는 터널 속을 헤매고 있다는 절망을 느낄 때가 있다. 삶을 주도하기는커녕 흐르는 물처럼, 부초처럼 살고 있다는 생각도 종종 든다. "삶이 버겁다!"는 넋두리가 주저 없이 나오기도 한다.

우리가 자서전을 쓰기로 마음을 먹는 것은 후회하지 않기 위해서 해야 할 노릇을 작정하는 것이나 다름없는 일이다. 또한 '나를 쓴다' 는 것은 숨겨져 있던 자신의 고유가치를 끄집어내는 작업이기도 해서, 미래의 값진 가치로 승화시킬 수 있다.

이런 점에서 본다면 자서전 쓰기야말로 자신을 향한 엄정한 사랑의 연습이 아닌가 싶다.

부모 자식 간의 다툼의 정

이유 없이 반항하고, 짜증을 내고, 한낮이 지나도록 잠을 잔다. 이해하기 힘든 생각과 충동적인 행동을 아무렇지도 않은 듯 다반사로 한다. 감수성이 예민해 사소한 일에도 웃음과 눈물을 동시에 삼키곤 한다. 도무지 마음의 여유가 없어 보인다. 사춘기(思春期) 아이들이 겪는 현상이다.

"나는 과연 누구인가?" "왜 이 세상에 태어났을까?" 하는 자기 정체성에 의문을 갖기 시작하는 것도 사춘기이다. 자의식과 함께 외모에 지나친 관심을 가진 나머지, 열등감이나 우울증에 시달리기도 한다.

이쯤 되면 부모들이 더 당황한다. 자신의 인생을 자녀들에게 걸고 살기에, 좌충우돌하는 아이들의 행동과 정서를 좀체 이해하지 못해서이다. 강압적으로 몰아세우고 야단을 치지만 사사건건 부딪치는 소리만 요란하다.

이제는 이러한 충돌을 애써 피하거나 두려워할 필요가 없을 것 같다. 사춘기에 들어선 10대 자녀와 부모 사이에 말다툼이 잦을수록 더 끈끈한 관계가 만들어진다는 다소 의외의 연구결과가 발표되었기 때문이다.

영국의 사춘기 발달 단계 전문가인 타비사 홈스에 따르면 그는 "하루 한 번 이상 자녀와 싸우라."고 권할 정도이다. '비 온 뒤 땅이 더 굳어진다.'는 말로 들린다.

다투면 아이들이 훨씬 더 마음의 상처를 받지만, 그 과정에서 그들은 속내를 털어놓게 된다는 것이다. 부모들이 이를 잘 간파하면 자녀에 대한 이해 폭이 넓어져서 자녀와의 간극이 좁혀진다는 이야기이다.

아무튼 조용한 토론이나 논쟁보다는 열띤 언쟁일수록 부모와 자식 간의 친밀도가 훨씬 높아진다고 하니, 자녀들과의 원만한 관계를 오히려 경계해야 할 것 같다.

사춘기는 어느 봄날 잠깐 스쳐 지나가는 사나운 질풍노도가 아닐까 여겨진다. 다행히 이 시기의 아이들이 부모와 충돌한다 해도, 서로 감정의 찌꺼기가 없는 '미운 정'이 든다니 자녀 문제로 속을 끓이는 이 땅의 부모들이여! 이제는 한시름 푹 놓아도 좋을 성싶다.

곡비즉진曲臂則盡

경주 안압지에서 발굴된 주사위 모양의 주령구(酒令具)에는 통일신라시대 상류사회의 음주 문화를 엿볼 수 있는 구절들이 쓰여 있다. 6개의 사각형과 8개의 삼각형으로 이뤄진 14면체에는 각 면마다 '한 번에 술 석 잔 마시기' '시 한 수 읊기' 등의 벌칙이 있다. 그런가 하면 곡비즉진(曲臂則盡)이라 해서 '서로 팔을 구부려 잔을 비우라.'는 글귀도 있다. 요즘으로 치면 '러브샷(Love Shot)'인 셈이다.

우리 조상들이 어떤 연유로 러브샷을 했는지는 알 수 없으나, 여기에는 필시 풍류가 곁들여 있지 않았을까 추측된다. 지금처럼 막무가내식의 술잔이 아니었을 것이라는 얘기다.

흔히 러브샷은 1980년대 초반 한 지방의 기관장들이 반주 삼아 폭탄주를 만들어 먹은 이후, 단시일 내 전국적으로 확산된 음주 문화로 알려져 있다. 러브샷을 굳이 번역한다면 '사랑의 탄

환' 정도가 될 것인데, 구애를 하는 '큐피드의 화살'과도 일맥상 통해 애주가들의 구호가 되어 버렸다. 샷에는 '한 잔'이라는 뜻도 있기에 음주와 적당히 어우러져 나름대로 의미를 가졌던 것도 사실이다.

상대방과의 친근감을 표시하기 위해서 서로 목 뒤로 팔을 감아 마시는 러브샷은 종종 문제가 되곤 한다. 특히 여성에게 술을 권하면서는 강제성을 띠는 탓에 과도한 신체 접촉으로 이어질 수 있기 때문이다.

결국 러브샷이 법원의 심판을 받는 신세로 전락했다. 대법원은 상대방의 동의 없이 억지로 권하는 러브샷은 강제추행죄에 해당한다며 벌금형을 선고한 것이다. 러브(사랑)가 없는 러브샷이 치른 죗값이다.

술이 인간관계의 촉매제 역할을 한다는 점을 부인할 수는 없다. 정서적인 친밀한 감정을 나누는 데도 술은 나름대로의 매개체 노릇을 한다. 그렇지만 억지는 곤란하다. 풍류와 해학이 없는 먹자판식 러브샷 술 좌석은 공허할 뿐이다. 술은 우선 입이 즐거워야 하고, 그런 다음 마음을 털어놓게 해야 한다.

"술은 마음의 솔직함을 운반하는 물질"이라는 칸트의 말을 새겨봄 직하다.

혼잣말의 이중성

　하루에도 몇 번씩 중얼거리는 혼잣말은 그 사람의 처지에 따라 내용이 다르다. ‘나는 할 수 있다.’는 자신감 넘치는 말에서부터 ‘짜증 나 죽겠어!’ 하는 불만 섞인 말까지 실로 종류가 다양하다.

　특히 중요한 순간이 오면 혼잣말은 더욱 잦아진다. 심리적 안정을 가져오기 때문이라고 한다. 과학적인 실험 결과도 있다. 골퍼들을 대상으로 ‘혼잣말 훈련’의 성과를 측정했는데, 혼잣말이 불안을 없애면서 자신감을 불어넣어 주고 동시에 주의력도 높여 주는 것으로 나타났다. 타이밍과 정확성이 요구되는 축구의 슈팅이나 배드민턴의 서브에서도 ‘침착하게’ 등의 혼잣말이 실제 경기에서 효과적인 것으로 입증됐다.

　이렇듯 생각에 그치지 않고 소리를 내 말하는 것이 자신의 태도와 동기 부여에 큰 도움이 된다는 사실은 의학자들도 증언하고 있다. 혼잣말의 내용에 따라 일의 결과가 달라질 수 있다는 것이다. 목표를 주입시키는 정신적 훈련으로 혼잣말만 한 게 없다는 얘기들도 한다.

물론 자신감을 북돋우는 긍정적인 혼잣말의 경우이다. 그러나 반대의 경우는 심각하다. 더 큰 좌절감에 빠지기 십상이다. 우울증 환자들이 끊임없이 부정적인 혼잣말을 해대는 것을 봐도 그렇다. 이때 필요한 것이 이른바 '스톱 기술'인데, 한마디로 부정적인 생각을 멈추게 하는 것이다. 맨손체조나 산책 등 가벼운 운동과 심호흡이 효과적이라고 한다. 왜 일이 이 지경이 됐는지 찬찬히 되짚어 보는 것도 한 방법이라고 한다.

요즘 치열한 경쟁으로 인해 스트레스 지수가 높아지면서 부정적인 생각에 빠지는 직장인들이 부쩍 늘고 있다고 한다. '난 안 돼' '난 왜 이러지' 하는 자책 섞인 혼잣말로 스스로를 절망의 늪에 빠뜨리고 있다는 것이다. 이들은 대부분 특정한 대상없이 하는 혼잣말이어서 자학에 가까운 불만이나 짜증을 표출하기 일쑤다.

자기 자신을 향한 긍정적인 혼잣말은 타인의 관심을 끌어낼뿐더러 정신 건강에도 그만이라고 한다.

'아자 아자 파이팅!' 만 외쳐도 기운이 난다.

외할머니

'외할머니'가 주는 느낌은 정말 남다른 것 같다. 생각만 해도 포근하고 편안하다.

켜켜이 쌓인 세월만큼 주름이 깊이 파이고 손등은 거칠어져 있으나, 말없이 건네는 외할머니의 애절한 사랑은 언제나 가슴을 찡하게 울린다. 게다가 외할머니는 어머니의 어머니라는 '모정'이 덧씌워져 우리네 철없던 시절을 돌아보게 하는 애틋한 대상이기도 하다.

《이기적 유전자》를 쓴 리처드 도킨스에 따르면 친손주보다 외손주가 유전적 근친도가 더욱 확실해 외할머니의 사랑이 친할머니보다 더 진하다고 한다.

몇 해 전 영화 〈집으로〉에서 77세의 벙어리 외할머니와 일곱 살 손자가 산골 외딴집에서 짧은 기간 동안 같이 살면서 겪는 얘기들을 잔잔하게 그려냈다.

주인공 상우는 엄마 손에 이끌려 한 번도 본 적이 없는 외할머니에게로 간다. 형편이 어려워진 엄마가 아들을 잠시 친정에 맡기려는 것이다. 전자게임, 켄터기 프라이드치킨에 익숙한 손자는 망나니짓을 하며 할머니를 괴롭힌다. 애지중지하던 요강을 깨는가 하면, 전자오락기의 전지를 사기 위해서 잠자는 할머니의 비녀를 훔치기도 한다.

이처럼 버릇이 고쳐질 것 같지 않던 손자가 할머니의 한없는 사랑에 젖어들면서 기특하게 변해 간다는 줄거리이다. 어찌 보면 평범한 얘기일 수도 있다. 그러나 이 영화가 진한 감동을 주는 것은 다름 아닌 바로 '나' 자신의 이야기로 다가오기 때문이 아닌가 싶다.

우리는 어느샌가 자신의 존재의 뿌리를 잊고, 명절 때에서야 시골 어른들을 한번 찾아뵙는 것으로 도리를 다한다고 애써 자위한다.

이 시대의 어른들은 산 중턱의 고샅길을 오르듯 힘들고 외로운 삶을 살아온 사람들이다. 또 가슴이 미어지는 슬픔을 깊이 간직하고 있는 세대이기도 하다. 그런 어른들을 우리는 영화 속의 외할머니를 통해 다시 기억하며 비뚤어진 자신을 부끄러워하고 있는 것이다.

수채화 같은 한편의 에세이를 읽고 난 듯 개운한 영화다.

웃음이 명약

인도에서는 건강을 위한 '웃음운동'이 유행하고 있다고 한다. 가정과 직장에서 하루 일과를 시작하기에 앞서 한바탕 웃음으로 마음을 조절하는 것이다. 미국에서는 '웃음치료'라고 해서 종합병원을 중심으로 웃음의 신비를 벗기려는 작업이 활발히 진행되고 있다.

웃음이 정신적인 안정뿐만 아니라 육체적 건강에도 큰 도움을 준다는 것은 이미 알려진 사실이다. 웃으면 뇌에서 분비되는 엔돌핀으로 기분이 좋아져서 스트레스와 긴장이 풀린다.

또 '내적 조깅(Internal Jogging)'으로 불리는 웃음은 순환기를 깨끗이 하고 소화기관을 자극해서 혈압을 내려 준다고 한다. 환자가 10분 동안 통쾌하게 웃으면 2시간 동안 편안히 잠을 잘 수 있다고 하는데, 이는 웃을 때 통증을 진정시키는 호르몬이 분비되기 때문이란다.

이제는 암 치료에도 웃음을 활용하고 있다. 호쾌하게 웃으면 병균을 막는 항체인 '인터페론 감마'의 분비를 촉진시켜 바이러스에 대한 저항력을 키워 준다는 것이다.

무엇보다 심장병에는 '웃음이 명약'이라고 의사들은 입을 모은다. 독일의 한 병원에서는 코미디 영화를 보여 주고, 유머 책을 읽어 주는가 하면, 주기적으로 어릿광대를 불러 환자들을 웃기고 있기도 하다.

웃음을 연구하는 사람들은 웃음이 지닌 놀라운 효과에 경탄하곤 한다. 신이 인간에게 베푼 가장 큰 축복이 웃음이라고 치켜세운다.

"뭐 웃을 일이 있어야 웃지!"하고 반문할지 모른다. 그러나 억지로라도 우울한 마음에 웃음을 얹어 보면 어느새 얼굴은 환하게 밝아 온다. 모든 일이 뜻대로 풀리지 않는다고 불평하기에 앞서 눈물이 나올 때까지, 배가 아플 때까지 실컷 한번 웃어 보자. 기분이 좋아지고 속이 후련해지고 굳어진 어깨 근육이 풀릴 것이다.

웃으면 복이 오고, "한 번 웃으면 한 번 젊어진다(一笑一少)."고 하지 않는가.

편지의 매력

　　사람들은 말한다. 말로 장황하게 얘기하는 것
보다 몇 줄의 편지를 써서 보내는 게 감정 표현에는 그만이라고.
게다가 편지는 생각을 깊이 하면서 고치기를 거듭하는 까닭에
상대에 대한 사랑을 전하는 데는 제격이라고 한다.

　　그렇다. 마음을 담아내는 데는 편지만 한 것이 없다. 힘들고
지쳐 있는 친구에게 응원의 글을, 입시 공부에 짓눌려 있는 자
녀에게 희망의 글을, 멀리 떨어져 오랫동안 소식을 전하지 못한
지인에게 그리움의 글을 띄워 보낸다면 이보다 더한 청량제
가 있을까 싶다. 여기에 예쁜 낙엽이라도 한 잎 곁들인다면
가슴속 깊이 켜켜이 쌓아 둔 추억들이 경쟁하듯 솟구쳐 자랄 것
이다.

　　편지만이 지니는 매력은 따로 있다. 받는 사람을 생각하면서
글을 쓰고, 그 편지를 읽는 모습을 그려 보고, 답장을 기다리

는 마음은 기쁘다 못해 가슴이 두근거리기까지 한다. 보내는 사람이나 받는 사람, 모두에게 애틋한 마음이 서려 있기에 난잡하지 않고 정갈한 것도 편지가 갖는 또 하나의 진한 매력이다.

편지는 역사를 바꿔 놓을 정도의 위력도 갖고 있다. 마하트마 간디의 비폭력 메시지는 후대 저항운동의 물꼬를 바꿔 놓았는가 하면, 독일의 마틴 루터는 면죄부 판매에 반대하는 서한을 주교들에게 발송함으로써 종교개혁의 단초를 마련했다. 한 소녀가 에이브러햄 링컨에게 '수염을 길러 보세요.' 라고 권한 한 통의 편지는 미국 역사의 전환점이 되었다고 한다.

인도의 시성 타고르는 "겉봉에 쓰인 자기 이름을 보면 사랑에 찬 심장의 고동에서 절묘한 음악을 끌어내 들리지 않는 심포니를 듣는 것 같은 느낌이었다."고 실토했다.

휴대전화 문자 메시지와 이메일이 편지를 대신하면서 편지쓰는 즐거움이 없어졌다. 편지의 행간에 흐르는 따스한 정을 앗아가 버린 것이다.

육필(肉筆)편지를 써서, 보내고, 그리고 답장을 기다리는 설레는 감정을 아직도 잊지 못한다는 사람들이 많다.

행여 글 내용이 빈약하다고 아니면 가볍다고 흉볼까 봐 두려워 편지 쓰는 일을 망설이지는 말자.

혼

파우스트는 자신이 하고자 하는 일을 다 이루기 위해서 악마에게 혼을 판다. 그러나 욕망이 헛되다는 것을 죽음 직전에야 깨닫는다. 사실 '혼'은 인생을 대변하는 화두인데도 많은 사람들에게는 잊혀진 단어인 것 같다.

혼이 중요한 건 그것이 감동을 주기 때문이다. 혼이 실리지 않은 글이 어떻게 독자를 감동시킬 수 있으며, 혼 없이 입술로만 하는 정치인의 연설이 어찌 국민을 설득할 수 있겠는가. 혼 없이 몸으로만 연기하는 배우는 결코 관객을 전율시킬 수 없고, 혼 없이 지식만 전달하는 선생님은 학생들의 사표가 될 리 만무하다.

혼이 담긴 노력은 결코 배반하지 않는 법이어서, 가슴의 혼으로 얘기하는 부모의 충고는 자녀를 올바른 길로 인도한다. 상인만 해도 그렇다. 돈만 따진다면 장사꾼에 불과하나 온 정성을 담아 인정을 나누고 신뢰를 쌓는 노력을 기울인다면 그 사람이야말로 바로 거상(巨商)일 게다.

혼이 깃든 지도자들은 나라를 구한다. 레이건 대통령은 호소력 있는 표정 하나를 짓기 위해서 밤을 지샌 적이 한두 번이 아니었다고 한다. 그의 연설들이 경제적으로 어려움에 처한 국민들에게 감동을 준 까닭을 알 만하다. "피와 땀과 눈물밖에 바칠 것이 없다."는 처칠의 호소가 국민들에게 감동을 준 것도 그의 깊은 고뇌에서 나온 진정성 덕분이었음은 두말할 나위가 없다.

국내외적으로 난관에 봉착해서인지 '혼'에 대한 갈망이 더욱 목마르다. 비단 정치인뿐만이 아닌 사회 모든 분야의 지도층들이 혼신의 힘을 다하는 모습이 기다려진다.

춘추전국시대를 살았던 백아(伯牙)의 거문고 소리는 사람의 심금을 울렸다고 하는데, 혼을 빼앗긴 채 살았다고 후회하기 전에 모두가 백아의 거문고 소리를 내야 할 시점이 아닌가 싶다.

혹여 자기 자신이 누군가에게 혼을 저당 잡힌 채 살고 있지나 않는지, 얼마나 진지하게 삶을 꾸려가고 있는지 성찰하는 시간이 필요할 것 같다.

"어영부영 살다가 내 이럴 줄 알았다."는 버나드 쇼의 묘비명이 큰 메아리로 울려온다.

로젠탈 효과

'로젠탈 효과(Rosenthal Effect)'라는 게 있다. 하버드대학교 심리학과 교수였던 로버트 로젠탈 교수가 발표한 이론으로 칭찬의 긍정적 효과를 설명하는 데 곧잘 인용되곤 한다.

그는 샌프란시스코의 한 초등학교에서 20%의 학생들을 무작위로 뽑아 그 명단을 교사에게 주면서 지능지수가 높은 학생들이라고 말했다. 8개월 뒤 명단에 오른 학생들은 다른 학생들보다 평균 점수가 높았다. 순전히 교사의 격려가 큰 힘이 되었기 때문이었다. 일종의 '피그말리온 효과(Pygmalion Effect)'였던 셈이다.

칭찬은 고래도 춤추게 한다는데 사람인들 오죽하겠는가. 어쩌면 사람은 칭찬을 갈망하면서 사는 존재인지도 모른다는 말까지 한다. 사실 칭찬이나 격려는 모든 사람을 행복하게 만드는 신비한 힘을 가진 것 같다. 칭찬을 받는 사람들이 자신감과 기쁨에 넘치는 것을 보면 그렇다. 칭찬 앞에서 모두가 무기력해지는 것도 같은 맥락이다.

누구보다 스승의 칭찬 한마디는 학생들의 용기를 백배 북돋운다. 스승이 자신들을 존중하고 기대를 가진다고 여기면, 여기에 부응하는 방향으로 변하려고 애쓴다.

그토록 싫어하던 글짓기에도 자신을 가질 수 있게 하고, 수학이나 과학에도 흥미를 갖게 한다. 아이들의 약점을 되레 강점으로 바꾸는 것도 칭찬의 힘이다. 눈이 먼 학생에게는 청각 능력이 뛰어나다는 암시를 주어 훌륭한 음악가로 키워 내는가 하면, 말더듬이 학생에게는 두뇌가 너무 좋아 생각이 말을 못 쫓아가는 것이라며 열등감을 씻어 주기도 한다.

칭찬이란 아이들을 성장시키는 동력이다. 칭찬을 하면 할수록 믿음이 더욱 굳어져 긍정의 힘을 가속화시킨다고 한다.

반면 아이들에게 기대를 저버리면 성적이 떨어지고 무력해지는 현상이 뚜렷해진다. 로젠탈 효과와는 정반대의 골렘 효과(Golem Effects)가 나타나는 것이다.

꾸짖는 일일랑 가급적 삼가고 칭찬하는 일에 인색하지 말자. 로젠탈 효과는 누구에게나 증명되는 이론이어서 상대방의 변화를 볼 수 있다는 것이 흥미롭기까지 하다.

마음을 안정시키는 색은?

빈혈과 불면증에 시달린다면 청색 계통의 속옷이 좋고, 소화가 안 될 때는 황색이나 노란색 팬티를 입고, 변비가 있다면 황색 속옷을 입는다. 감기에 자주 걸리면 노란색이 좋다고 한다.

이처럼 모든 색에 있는 각각의 에너지와 파장을 이용해 건강에 응용하는 치료법이 '컬러테라피(Color Theraphy)' 이다. 색에 있는 고유의 느낌이 활용되기도 한다.

파란색은 쓴 맛을 느끼게 하기 때문에 다이어트 중에 파란색 그릇을 사용하면 효과가 있다. 반면 오렌지색은 부드럽고 달콤한 맛을 유발해 말라서 고민하는 사람에게는 권장할 만한 색이다. 심리적으로 거의 자극을 주지 않는 녹색은 스트레스를 해소하면서 집중력을 높이려고 할 때 효험이 있는 것으로 알려졌다. 근심을 덜고 편하게 휴식을 취하고 싶을 때는 보라색을 추천하곤 한다.

컬러테라피의 역사는 깊다. 태양을 에너지의 원천으로 여겼던 고대 이집트인들은 빛으로 만들어지는 색상을 질병 치료에 이용했다고 한다. 지금에 와서는 색상을 통한 전문 치료는 물론, 색을 보고 반응하는 결과를 분석해 개인의 성격과 심리 상태를 파악하는 등 연구 영역이 확대되고 있다.

1980년대 교도소 내 폭력으로 골머리를 앓던 미국은 '사람의 마음을 안정시키는 색깔이 무엇일까?' 하고 실험한 끝에 핑크색을 가장 편안한 색으로 꼽았다. 당시 회색이었던 교도소의 벽 색을 핑크색으로 바꾸자, 놀랍게도 교도소 내 폭력 사고가 눈에 띄게 줄었다고 한다. 핑크색은 자궁 내부의 색이어서 편안함과 안정감을 준다는 설명이다.

속옷 색깔을 체질에 맞게 골라 입으면 건강해진다고도 한다. 사람과 사람 사이의 궁합이 좋아야 하듯, 신체와 색의 궁합도 중요하다는 것이다. 컬러테라피 인테리어가 관심을 끄는 것도 색깔이 가지는 신비한 힘 때문이다.

색깔이 갖는 특징을 알고 있다면 건강한 생활에 도움이 될뿐더러 성격도 원만하게 바뀔 수 있다니, 차제에 자신의 색깔이 무엇인지 고민해 볼 만하다.

나는 너의 추임새!

톨레랑스는 역지사지와도 같은 개념이다. 역지사지는 상대방의 처지에서 한번쯤 생각해 보자는 우리의 전통적인 훌륭한 덕목이었다. 실종된 이 덕목을 찾아 상대를 이해하고 받드는 공동체를 만들어 가는 것이야말로 우리가 진정 원하는 톨레랑스의 사회가 아닐까?

달을 상상하고 싶다

우리나라 세시풍속(歲時風俗)에서 보름(만월)이 갖는 의미는 아주 큰 것 같다. 우선 정월 대보름이 그렇고, 큰 명절로 여기는 추석과 백중도 보름날이다.

그중에서도 정월 대보름은 풍속 행사가 단연 많다. 달의 움직임을 기준으로 삼아 농사를 짓는 음력 사회의 첫 보름달이니 그럴만도 하다. 조선 후기에 간행된 《동국세시기(東國歲時記)》를 보면 대보름에도 섣달 그믐날처럼 수세(守歲)하는 의미로 밤새 온 집안에 등불을 켜 놓았다는 기록이 있다. 한 해의 시작으로 간주했다는 얘기다.

일본에서도 대보름을 소정월(小正月)이라 하여 신년의 출발로 생각했다. 중국에서는 한나라 시절부터 대보름을 8대 축일의 하나로 중요하게 여기고 있다.

신라시대부터 내려온 우리나라 정월 대보름은 한 해의 무사

태평을 빌고 재앙과 액을 막는 명절로 오늘날까지 이어지고 있다. 대보름날 새벽이 되면 땅콩이나 밤 등 부럼을 깨물며 종기나 부스럼이 나지 않게 해 달라고 기원한다. 또 1년 내내 기쁜 소식만 전해 달라며 부녀자나 애들 할 것 없이 귀밝이술[耳明酒]을 마신다.

전날 저녁에는 오곡밥을 지어 이웃들과 나눠 먹고, 가을에 손질해 둔 갖가지 나물들을 기름에 데치거나 볶아 먹는다. 한 해의 모든 액운을 멀리 보낸다는 뜻에서 연날리기를 하는가 하면 더위팔기, 사자놀음, 횃불싸움, 놋다리밟기 등으로 하루를 즐긴다.

이같이 보름달은 풍요와 기원(祈願), 나눔의 시작이었다. 온갖 괴물이 출현하는 으스스한 서양의 보름달과는 정서가 전혀 다르다. 존 F 케네디가 "우리는 기어이 달에 가야 한다. 이를 위해 우리는 모든 준비를 해야 한다."고 외치던 정복의 대상은 더더욱 아니다.

이제 달 속에서 이태백이 놀고, 계수나무 밑에서 토끼가 방아를 찧는다는 낭만은 사라졌지만 아직도 둥실한 달은 우리 마음속에 아련한 그리움과 동경으로 남아 있다.

달에 가고 싶지 않다. 그저 달을 상상하고 싶을 뿐이다.

조선시대에도 토론문화가 있었다

　　영국의 스티븐 콜민 박사는 토론을 잘하기 위해서는 6단계의 과정이 필요하다고 강조한다.

　먼저 어떤 상황이 일어난 상태를 설명하고, 그에 대한 결론을 말하고, 결론을 내린 이유를 제시하고, 결론에 대한 자세한 설명을 하고, 반대 의견을 고려해서 자기 주장을 더욱 강하게 피력하고 마지막으로 종합 의견을 낸다. 이것이 소위 콜민의 '6단 논법'이다.

　민주주의가 토론에서 출발한 까닭에 서구에서는 토론에 대한 연구가 활발하다. 초등학교 때부터 대화 방법과 듣기, 논쟁하는 방법 등 토론 교육을 체계적으로 받는다. 찬·반으로 나뉘어 논쟁을 벌이는 미국의 '아카데미식 토론 방법'은 토론의 전형으로 꼽힌다.

　'토론의 나라' 영국에서는 해마다 토론왕을 선발하며 옥스퍼

드나 케임브리지 등 명문대학교의 토론 동아리에는 수천 명의 학생이 가입해 주말이면 으레 토론회가 열리곤 한다.

우리나라에서도 토론에 대한 관심이 부쩍 높아지고 있다. 인터넷의 등장이 토론 문화를 촉발시킨 계기가 됐다.

그러나 토론 문화라고 말하기에는 아직 이른 감이 없지 않다. 단번에 상대방을 제압하려 드는가 하면 흑백논리가 팽배하고 흠 집 내기에 주력하고 막말을 서슴지 않는다. "목소리 큰 사람이 이긴다."는 식이며 "나와 의견이 다르면 용서할 수 없다."는 불퇴전의 의식이 토론장을 난장판으로 만들기도 한다.

우리 사회엔 일찍이 건전한 토론 문화가 있었다. 조선시대 이황과 기대승 간의 8년 동안에 걸친 '사단칠정(四端七情)' 논쟁과, 이간과 한원진 간의 '사람과 짐승의 본성은 같을까 다를까?' 하는 '인성물성(人性物性)' 논쟁이 대표적이랄 수 있다. 치열한 논쟁 속에서도 그 기저에는 상대를 존중하고 이해하려는 선비의 금도가 있었다.

한 사회의 품격을 측정하는 기준을 든다면 우선 남의 말을 귀담아 듣는 토론 문화일 것이다. 특히 국제교류와 협상이 빈번해지고 있는 현실에서 성숙한 토론 문화는 국가 경쟁력의 가늠자이기도 하다.

대한민국은 통화 중

지하철이나 버스를 타면 휴대전화의 소음을 실감한다. 시도 때도 없이 울리는 벨소리와 버튼 누르는 소리, 누군가와 통화하는 사람들의 목소리가 뒤엉켜 시장바닥을 연상케 한다. 뿐만 아니라 정신 집중을 해야 하는 학교 강의실과 전자파에 민감한 첨단기기가 즐비한 병원, 음악 공연장에서조차 휴대전화는 끝없이 울려댄다.

어른 아이 할 것 없이 휴대전화를 소지한 통신왕국에서 벌어지고 있는 우리의 일그러진 사회상이다. 타인의 불편과 피해를 아랑곳하지 않는 이 같은 소음 공해를 두고 누군가가 ‘대한민국은 통화 중’ 이라고 비꼬았다.

이는 불안한 사회 분위기와도 무관하지 않은 듯하다. 항상 확인을 해야 직성이 풀리고, 혼자라는 고독을 견디지 못해 ‘어떤 사람과 같이 있다.’ 는 느낌을 가져야 비로소 편안한 마음을 느끼는 것이다.

외국에서는 휴대전화 보급이 확대되면서 전화 예절을 강조하는 다양한 캠페인을 전개하고 있다. 소음 공해 방지를 위해 휴대전화의 공공장소 반입을 금지하는가 하면, 일정한 장소에 보관토록 한다. 음식점에는 금연 표지처럼 휴대전화 사용을 금지하는 그림을 그려 놓기도 한다. 영국에서는 10대들의 휴대전화 사용을 법으로 규제한 지 오래다.

휴대전화 사용이 사회문제로 부각되자 일부 학교에서는 휴대전화 소지를 금지하고 있다. 한편에서는 통신에 대한 개인의 자유와 권리를 해친다며 반대 의사를 밝히고 있으나, 공공의 편의와 이익이 우선돼야 한다는 주장이 설득력을 얻고 있다.

휴대전화의 편리성을 무시하는 건 아니다. 시간과 장소를 뛰어넘어 서로 간의 마음을 전하고 효율적인 비즈니스를 하는 데 휴대전화만 한 게 없다. 얼굴을 맞대는 화상전화는 가히 커뮤니케이션 혁명이라 할 만하다.

그렇지만 소음 폭력으로까지 얘기되는 휴대전화를 접하면서 심각한 역기능을 생각하게 된다. 성격이 조급해지고 좀체 생각할 여유를 가지려 하지 않는 것이다.

"물건을 너무 좋아하면 마음을 다친다."는 말을 한번쯤 새겼으면 한다.

사지 말고 고쳐 쓰자

제2차 세계대전이 끝난 뒤 유럽 경제는 말이 아니었다. 영국에서는 절약 운동이 거국적으로 일어났고 '내 스스로 집과 가구를 손질한다.' 는 뜻의 《Do It Yourself》라는 잡지가 발간돼 큰 호응을 얻었다.

패전국인 독일의 경우는 더욱 심각했다. 삶의 터전을 잃고 마음을 잡지 못한 사람들을 향해 '몸소 내 집을 고쳐 세우자.' 는 운동이 들불처럼 퍼져 나갔다.

이같은 'DIY운동' 은 유럽 전역은 물론 미국과 일본 등지로 확산되면서 생활 문화로 정착돼 갔다. DIY는 곧 알뜰소비와 검소한 생활의 대명사가 된 것이다.

청소년들이 즐겨 입는 힙합바지가 어른들로부터 물려받은 청바지에서 연유된 것이라든지, 예술가들이 장식화된 무대의상을 거부하고 자유로운 복장을 고집하는 것도 따지고 보면 DIY정신의 소산이라 할 수 있다.

스스로 만들고 조립하고 고치는 DIY는 생산과 소비가 동시에 이뤄지는 작업이기도 하다. 앨빈 토플러는 이를 '생산소비자(Proconsumer)' 라 명명하면서 '제3의 물결' 의 징표 중 하나로 지목했다. 미국과 유럽 등지에서 '홈 데포' 와 같은 창고형 홈센터나 '트렌드 라인' 과 같은 목공전문점이 번창하면서 DIY시장 규모가 몇십조 원에 이른다는 사실이 이를 방증한다.

최근 불경기 여파로 살림살이가 빠듯해지면서 우리나라에서도 '사지 말고 고쳐 쓰자.' 는 인식이 급속히 확산되고 있다. DIY의 일종인 소위 리폼(Reform · 수선) 도우미 상품이 인기를 끌고 있는데 가정용 재봉틀과 옷의 보풀 제거기, 가구나 생활용품을 수리할 수 있는 각종 공구세트, 페인트 등이 제법 팔려 나가고 있다.

이제는 백화점 문화센터까지 나서 헌 옷 디자인 바꾸기, 어른 옷을 아이 옷으로 만들기 등 옷 수선법 강좌를 잇따라 개설해 '리폼 바람' 을 확산시키고 있다.

불경기 탓에 리폼이 관심을 끌고 있지만 리폼은 경기에 관계없이 알뜰살림으로 권장해야 할 소비 운동이 아닌가 싶다. 리폼이야말로 가계비를 줄이면서 허례허식을 배격하는 첩경일 것이기 때문이다.

남산은 소나무 숲이었다

우리 문화를 일컬어 '소나무 문화'라고 한다. 아이가 태어나면 삼칠일 동안 솔가지로 금줄을 치고, 소나무로 지은 집에서 솔가지 땔감의 연기를 맡으며 살았다. 어디 그뿐인가. 송홧가루로 다식을 만들고, 솔잎으로 차를 다려 마시며, 구황식으로 속껍질을 먹기도 했고, 죽어서는 소나무 관 속에 들어가 뒷산 솔밭에 묻혔다.

이처럼 나서부터 죽을 때까지 소나무와 인연이 있으니 소나무 문화라는 말이 그리 과장은 아닌 듯하다. 그래서인지 소나무는 항상 긍정적인 모습으로 우리 곁에 다가서 있다.

장수를 뜻하는 십장생의 하나가 소나무이며, 눈보라나 비바람 치는 역경 속에서도 푸르른 제 모습을 유지한다 해서 꿋꿋한 절개를 상징하기도 한다. 성삼문이 죽음을 당하면서 쓴 시 "봉래산 제일봉에 낙락장송되었다가 백설이 만건곤할제 독야청청

하리라”는 아직도 충절의 표상으로 회자된다.

소나무는 또한 친근한 벗이기도 하다. 윤선도는 〈오우가(五友歌)〉에서 “더우면 꽃 피고 추우면 잎 지거늘 솔아 너는 어찌 눈 서리를 모르는가.”하면서 소나무에 대한 막역한 친밀감을 표시하는가 하면, 율곡 이이(李珥)는 세한삼우(歲寒三友)의 하나로 역시 소나무를 꼽았다.

서울의 남산이 울창한 송림이었던 것도 이와 무관하지 않다. 조선시대 태종이 장정 3천 명을 동원해 1백만 그루를 심었고, 세조는 산지기를 두어 벌목을 막았다는 기록이 있는 걸로 봐서 남산의 소나무는 더없이 소중하게 취급됐던 것 같다. 애국가 속의 소나무는 민족의 기상을 고취하는 나무로 각인돼 있다.

그러나 남산의 소나무들은 일제의 목재 수탈과 해방 뒤 무분별한 땔감 채취로 형편없이 훼손됐으며 주변의 활엽수에 치이면서 설 곳을 잃어 갔다. 마침내 서울시가 남산 소나무 보호에 나섰다. 구불구불하면서도 키가 크고 껍질이 수려하게 붉은 남산 소나무의 씨앗을 채취해 후계목으로 키운다는 계획이다.

예부터 서울을 감싸고 도는 남산이 푸르러야 나라가 평안하다고 했는데 남산이 철갑처럼 소나무로 둘러쳐지는 날 나라가 더욱 융성해질 것이라는 희망을 가져 본다.

"잘 있거라, 아우들아"

초등학교 졸업식을 회상하면 코끝이 시큰해진
다. 언니들을 떠나보내는 5학년 동생의 송사에 여기저기서 어깨
를 들먹이며 훌쩍거리는 소리가 들리다가, 졸업생 대표의 답사
에 이르면 이내 눈물바다가 되곤 했다. 6년 동안 배우고 닦은 결
실의 기쁨보다는 당장 헤어진다는 섭섭함이 어쩌면 그리도 아
쉬웠을까 싶다.

하기야 진학이 힘들었던 시절엔 초등학교 졸업이 곧 배움의
끝이면서 고달픈 생활전선의 출발이었으니 그럴만도 했다.

뭐니 뭐니 해도 졸업식의 하이라이트는 '졸업식 노래'를 부
를 때가 아닌가 싶다. "빛나는 졸업장을 타신 언니께…"하고 재
학생들이 1절을 끝내면 졸업생들은 "잘 있거라 아우들아 정든
교실아…"하고 2절을 노래한다. 이어 다 같이 합창하는 3절
"앞에서 끌어 주고 뒤에서 밀며…"를 부를 때는 차마 목이 메어

학부모들도 눈시울을 붉히기 일쑤였다.

반세기 이상 불리고 있는 졸업식 노래는 해방 후 아동문학가 윤석중 선생이 지은 작품에 6·25 때 납북된 동요작곡가 정순철 선생이 곡을 붙인 것이다.

1960년대 초반에는 대한교련(한국교육총연합회 전신)이 제정한 "눈비를 이기고 닦아 온 여섯 해…"라는 노래가 불리기도 했으나 당시 사회 분위기와 맞지 않다는 이유로 그리 오래 지속되지는 못했다.

식순에 맞춰 천편일률적으로 진행되던 초등학교의 졸업식 풍속이 이제는 크게 달라졌다. 졸업생 전원에게 교장선생님이 일일이 졸업장을 수여하는가 하면 '꿈은 이루어진다.'는 글귀를 새긴 메달을 걸어 주는 학교도 있다. 자신의 다짐을 쓴 편지와 함께 추억이 서린 물품을 타임캡슐에 담고, 선생님들이 작은 음악회를 만들어 졸업생들을 격려하는 무대도 마련된다.

학생 개개인의 소질과 적성을 살펴 세상에서 단 하나뿐인 상장을 전달하는 학교도 늘고 있다.

중·고등학교 졸업식이 밀가루와 달걀로 얼룩지고 대학교 졸업식이 그저 겉치레로만 흘러서인지 초등학교의 졸업식이 더욱 돋보이는 것 같다. '졸업은 시작의 또 다른 이름'이라는 의미를 초등학교가 앞장서 실천하고 있는 셈이다.

향랑의 비극

"하늘은 어이하여 높고도 멀며/땅은 어이하여 넓고도 아득한가/천지가 비록 크다 하나/이 한 몸 의탁할 곳이 없구나/차라리 이 강물에 빠져/물고기 배에 장사 지내리."

17세기 후반 선산(지금의 구미)에 살았던 향랑이라는 여인이 지은 시 〈산유화(山有花)〉다.

향랑은 부모의 강권에 못 이겨 시집을 갔으나 남편의 구박에 견딜 수가 없었다. 하는 수 없어 친정으로 돌아왔으나 출가외인이라 해서 버림을 받았고 외가에서도 받아 주지 않아 이 시를 유언처럼 남긴 채 결국 자결하고 말았다 한다.

조선조 여인의 이 비극적 삶은 구미시립도서관에 세워진 시비가 전해 주고 있다.

이 땅의 여인들은 여자라는 이유만으로 한평생을 시댁과 남편의 그늘 속에 살아야 했다. 측간과 친정은 멀수록 좋다는 편견 속에 친정과는 거리를 두면서 시댁 귀신이 되는 것을 당연시 했다. 이토록 여자를 업신여기는 남존여비(男尊女卑) 사상은 여필종부(女必從夫)와 삼종지덕(三從之德)을 낳았고, 이것이 부녀자의 가장 으뜸 되는 덕목으로 뿌리내렸던 것이다.

돌이켜 보면 여성의 지위가 원래부터 형편없었던 것은 아니었다. 조선 중기까지만 해도 여성의 이혼이나 재혼은 자유스러웠다고 한다. 조선 후기 주자학이 들어오고 임진왜란과 병자호란을 거치는 동안 가부장제가 정착되면서 여성에 대한 인식이 싹 바뀌었다고 하니 여성괄시의 역사는 어언 4백 년을 이어온 셈이다.

우리 사회에서 여성을 보는 편견은 여전히 남아 있다. '된장녀' 사건에서 보듯 여성들은 일방적으로 매도당하기 일쑤다. 아직도 육아문제에 있어서는 여성이 일차적 책임을 져야 하고, 노동시장에서의 진입 장벽도 높게 드리워져 있다.

오랫동안 유림들의 반대에 부딪쳐 난항을 겪어 오던 호주제 폐지를 골자로 하는 민법개정안이 통과됐다. 법상으로 여성이 남성과 동등한 지위를 갖게 됐다. 시집가면서 '호적을 파 간다.'는 말이 역사의 뒤안길로 사라지면서 이제서야 방랑의 비극이 끝나 가는가 보다.

파랑새 신드롬

《파랑새》는 벨기에 작가 모리스 마테를링크가 1백여 년 전에 쓴 동화극으로 저자가 노벨문학상을 받으면서 비로소 유명세를 탔다. 세계의 어린이들이 즐겨 읽는 이 책은 이야기 말미의 반전이 극적이어서 흥미를 더한다.

느닷없이 꿈에 나타난 요술할머니가 자기의 병든 딸에게 행복을 주기 위해서 파랑새를 찾아 달라고 부탁하자 어린 남매는 길을 떠난다. 그렇지만 어디에도 파랑새는 없었고 지쳐 집으로 돌아와 보니 그토록 찾아 헤매던 파랑새는 자기네 새장에 있더라는 줄거리이다.

'행복'과 '이상'을 상징하는 이 파랑새가 요즘은 한 직장에 안주하지 못하고 여기저기 옮겨 다니는 직장인을 지칭하는 용어로 변했다. 소위 '파랑새 신드롬'이다. 자신의 일은 아랑곳없이 장래의 막연한 행복만 추구한다고 해서 붙여진 이름이다. 현실을 거부하고 백일몽을 좇는다는 점에서는 ‘피터팬 신드롬’ 이나 ‘모라토리엄 신드롬’ 과 일맥상통한다. 또 정처 없이 옮겨 다니는 이들의 처신을 비유해 ‘메뚜기족’ 이란 별명도 생겼다.

파랑새 증후군에 속한 사람들은 상상 속에서 ‘행복이 가득한 직장’ 을 그린다는 공통점이 있다. 이러한 탓에 좀처럼 자신의 자리나 지위에 만족하지 못하고 남의 떡이 커 보이는 식의 행동을 하기 일쑤다. 지체 없이 만족해야 하고 보상을 받아야 직성이 풀리는 것이다.

파랑새 신드롬으로 기업들이 고민에 빠졌다. ‘3년 이내에 신입사원 중 무려 40% 정도가 회사를 떠나서’ 라는데 노동부 통계가 이 같은 경향을 확인해 주고 있다.

이직률의 증가세를 보면 취업난이 무색할 지경이다. 자신의 개성과 능력을 발휘하기 위해 더 나은 직장으로 옮기는 것은 결코 나무랄 일이 아니다. 어렵게 잡은 직장이라고 해서 아등바등 다녀봐야 신명이 날 리 만무해서이다.

그러나 이직을 할 때는 목표와 이유가 분명하고 합리적이어야 함은 두말할 나위가 없다. 단순히 적응하기 어렵다는 이유만으로 또 다른 직장을 구하는 것은 파랑새를 찾아 나서는 것과 무엇이 다를까.

어쩌면 행복은 지금 자신의 자리에 있는지도 모른다.

위버섹슈얼

영국의 문화비평가인 마크 심슨은 지난 1994년 《인디펜던스》에 기고한 글에서 '메트로섹슈얼(Metrosexual)'이란 말을 처음 사용했다. 외모에 관심이 커서 패션에 민감하고 피부 관리와 헤어스타일에 시간과 돈을 아낌없이 투자하는 남성들을 일컫는 말이다. 또한 쇼핑을 즐기면서 음식과 문화를 소홀히 하지 않는 것도 특징이다. 주로 도시의 남성이 메트로섹슈얼로 치부된다.

영국의 축구스타 데이비드 베컴과 같은 꽃미남 스타일의 메트로섹슈얼이 세계적으로 풍미하자, 이에 대한 반작용으로 '레트로섹슈얼(Retrosexual)'이 등장하기도 했다. 외모에 거의 신경을 쓰지 않는 남성군이다.

메트로섹슈얼이 한동안 지속되는가 싶더니 이제는 '위버섹슈얼(Uebersexual)' 시대가 도래했다고 유럽 언론들이 호들갑을 떨고 있다. 미국의 사회분석가인 매리언 샐즈먼이 저술한 《남자들의 미래(The Future of Men)》에 처음 등장한 위버섹슈얼은 야성적인 남성을 뜻하는 '마초(Macho)'와 메트로섹슈얼의 장점이 합쳐진 남성을 말한다. 남성성이 강조된 섹시함이라고 보면 될 것 같다.

일부러 스타일을 꾸미지 않아도 멋이 날뿐더러 자신감이 넘치고 아울러 여성에게는 자상하고 감성적인 남성들이다. 할리우드의 대표적인 스타인 조지 클루니처럼 터프하면서도 여성을 보듬어 줄 수 있는 사람이 위버섹슈얼의 전형으로 꼽힌다.

그러나 메트로섹슈얼은 우상으로 받들어졌던 스타들이 '자기중심적'이고 '정서적으로 불안'하다는 점이 부각되면서 퇴색되고 있다는 게 일반적인 분석이다. 겉만 번지르한 화려한 외모에 식상했다는 얘기이다.

또한 위버섹슈얼과 같은 세대 규정이 전체를 아우르지 못하고 있다는 비판도 한몫 거들고 있다.

어쨌든 사회 및 문화 현상이 변하면서 시대에 따라 그 흐름과 특성이 나타나고 있는 것만은 분명하다. 1990년대 초반의 X세대 이후 N세대, 메트로섹슈얼, 위버섹슈얼로 이어지면서 다음에는 어떤 트렌드가 형성될지 궁금할 따름이다.

톨레랑스와 역지사지

로스앤젤레스에는 '관용의 박물관(The Mu-seum of Tolerance)' 이 있다. 제2차 세계대전 중 히틀러와 나치정부가 무려 6백만 명의 유대인을 가스실로 몰아 넣어 학살한 참상을 기억하자는 취지에서 만들었다.

그러나 이 박물관의 진정한 뜻은 복수보다는 관용으로 아픔을 참자는 것이라고 한다. 원수에 대한 복수를 당연시했던 유대인들의 율법을 뛰어넘었기에 '관용' 이라는 이름을 단 박물관의 존재가 더욱 의미 있게 부각되는 것 같다.

증오와 대립, 분열이 난무하는 현장에서는 으레 '톨레랑스(관용)' 가 강조되곤 한다. '견디거나 참는다.' 라는 뜻인 라틴어 'torerare' 에서 유래한 톨레랑스는 16세기 종교개혁 시기에 프랑스에서 등장했다. 당시 구교와 신교 사이에는 광적인 전쟁이 벌어졌는데, 이 전쟁을 진정시키기 위해 톨레랑스가 거론된 것이다.

서로의 차이와 다름을 인정하고 상대방의 의견을 존중하자는 것이 톨레랑스이다. 자신의 의견만 내세우고 상대를 무시하면 이기적인 사회가 되기 십상이다. 나와 다른 사람을 이방인 취급하면서 사회적 통합을 기대하는 건 연목구어에 다름아니다.

자기 신념에 스스로 정당성을 부여하면서 상대를 인정치 않고, 도덕적 나르시즘에 빠져 있다면 갈등과 다툼만이 독버섯처럼 자라날 것이다.

당리당략을 일삼는 단세포적인 정치인들, 일부 편협한 종교인들, 아직도 좌우 이념이라는 동아줄을 잡고 발버둥치는 인사들이 지탄을 받아야 할 대상들이다.

셰익스피어는 "오늘 저지른 남의 잘못은 바로 어제의 내 잘못이었던 것을 생각하라."고 충고한다. 18세기 사상가 존 로크는 "톨레랑스로 돌아가라."고 외쳤다.

톨레랑스는 역지사지(易地思之)와도 같은 개념이다. 역지사지는 상대방의 처지에서 한번쯤 생각해 보자는 우리의 전통적인 훌륭한 덕목이었다. 실종된 이 덕목을 찾아 상대를 이해하고 받드는 공동체를 만들어 가는 것이야말로, 우리가 진정 원하는 톨레랑스의 사회가 아닐까.

먹을 만큼만 훔쳤다

어린 시절을 시골에서 보낸 사람들은 서리에 대한 짓궂은 추억들이 있다. 떼지어 남의 물건을 장난삼아 훔쳐 먹는 서리는 계절마다 품목이 달랐다. 자두, 복숭아, 사과 등 과일에서부터 감자, 고구마, 콩에 이르기까지 정말 다양했다. 그중에서도 닭서리는 고난도의 기술을 요했다.

조용히 자고 있는 닭을 '꽥' 소리 한번 안 나게 목을 비틀어 낚아채는 일은 민첩함이 관건이었다.

닭서리가 겨울밤의 출출한 배를 채우는 즐거움이었다면, 수박 서리 참외 서리는 밭고랑에 엎드려 낮은 포복을 해야 하는 여름밤의 짜릿한 모험이었다.

서리할 때는 우선 의기가 통하는 몇몇이 모여 작당을 한다. 소위 작전을 짜는 것으로 보스의 지시에 따라 움직인다. 미리 사전 답사를 한 뒤 '공격! 앞으로!' 명령이 떨어지면 현장까지 신

속하게 달려간다. 꽁생원으로 열외당하는 게 싫어 너도나도 호
기를 부리기 일쑤였다.

과수원 서리가 가장 많았는데 위장을 한 채 먼저 원두막의 동
정을 살피고 나서 과수나무까지 접근한다. 침묵이 제1의 절대 수
칙인데도 초보자들은 꿍꽝거리는 제 심장 소리에 당황해서 주
인에게 쫓기곤 했다.

집 안의 물건을 서리할 경우는 더욱 세심하게 여러 조건을 따
졌다. 개가 없어야 하고, 들키더라도 너그럽게 용서해 주는 집
이어야 하고, 실패해도 쉽게 도망치거나 숨을 수 있는 지형지물
이 있어야 했다.

그러나 친구들과 어울려 서리를 하면서도 몇 가지 불문율은
꼭 지켰다. 먹을 만큼만 훔치고, 덩굴이 상하지 않게끔 밭고랑
을 밟고 다녔으며, 포기를 뽑는 일은 결코 하지 않았다. 자칫 농
사를 망칠 수도 있기 때문이었다.

설령 서리를 하다 걸리더라도 한두 마디 엄포를 듣는 것으로
거사(?)는 마무리되곤 했다. 조무래기 친구들끼리 작당을 해서
일을 벌였던 서리는 아직도 기억 속에 생생하다. 서리하던 시절
을 떠올리면서, 혼내는 듯 너그러이 용서해 주던 어른들의 그 마
음씨가 그리워진다.

진달래꽃 + 찹쌀의 신명

　　음력 3월이 되면 산과 들에 온갖 꽃들이 피고 앙상한 나뭇가지에 새순이 돋기 시작한다.

　　이때쯤에는 남녀노소를 막론하고 산 좋고 물 맑은 산천경계 좋은 곳에서 화전놀이를 즐긴다. 삼월삼짇날을 전후로 화창한 날을 택하는 게 보통이었는데 주로 부녀자들이 회포를 푸는 날이었다.

　　봄소풍격인 화전놀이에서의 먹거리는 당연히 화전(花煎)이다. 여기저기 흐드러지게 핀 진달래꽃을 따서 찹쌀가루에 반죽하여 참기름을 발라 지진다 해서 붙여진 이름이다. 그래서 '꽃지지미'라고도 한다.

　　화전 풍습은 고려때부터 전해 온 것으로 알려져 있는데, 조선시대에는 삼짇날 중전이 비원의 옥류천에 나가 전을 부쳐 먹으며 화전놀이를 했다고 한다.

온종일 화전을 부치는 손길에는 으레 꽃노래가 따랐다. "동녘에 뜨는 달은 님을 닮아 둥글고/뒷산에 두견이는 내를 닮아 청승이다./진달래 지천에 피니 화전놀이 제격이다."

구전되어 오는 여성들만의 꽃노래도 있다. "이때 저때 어느 때냐/춘삼월 좋은 때라/울아버지 생신 땐가/술은 좋아 금청주라/그 술 먹고 취정 끝에/노래 한 장 불러보자.(후략)"

지금도 해마다 화창한 봄날의 멋과 여유를 즐기는 화전놀이가 전국 여기저기에서 벌어진다. 순천에서는 전통차와 함께하고, 설악에서는 벚꽃과 같이 어우러진다. 전주에서는 옛스런 한옥마을 뜰에서 화전놀이를 재현하는데, 진달래는 물론이고 유채꽃과 제비꽃 등 온갖 봄꽃들이 화전을 장식한다.

화전놀이를 하면 오감이 편안해진다. 눈으로는 고운 빛깔을 보고, 코로는 싱그러운 향기를 맡고, 귀로는 지지는 소리를 듣고, 혀로는 담백한 맛을 느끼고, 손으로는 화전의 부드러운 촉감을 경험하는 일이 여간 유쾌하지 않다.

계절을 잊고 빌딩 숲에 갇혀 사는 도시인들이여! 번거로운 일상사랑 훌훌 털어 버리고 들녘에 나가 화전놀이를 즐겨 보라고 권하고 싶다. 사랑하는 사람들과 함께라면 그 더욱 좋을까 보냐.

나는 너의 추임새!

판소리의 묘미는 추임새에 있다고 한다. 소리꾼이 소리를 하면, 장단을 치는 고수는 소리 사이사이에 '좋다' '얼씨구' '얼쑤' '그렇지' 등의 추임새로 흥을 돋운다.

추임새는 소리의 공간을 메우는가 하면 때로는 북소리 장단을 대신하기도 한다. 소리꾼보다 고수를 더 높이 산다는 '일고수이명창(一鼓手二名唱)'이라는 말은 이래서 나왔다.

소리꾼과 청중이 어울려 신명 나게 한마당 놀아 보는 것도 추임새 덕이다. 추임새는 노래를 부르는 상대방에게 힘을 실어 주고 용기를 주지만 사실은 동참하는 자신에게 더 큰 기쁨과 행복을 안겨 준다. 서로 추켜 주고 격려하며 하나가 되는 것이 추임새인 것이다.

이러한 추임새가 사회 운동으로 승화되고 있다. 사회 각계각층의 인사들이 모여 '추임새 운동본부'를 발족하고, "우리 사회의 갈등과 대립, 집단 이기주의와 남에 대한 비난을 자제하고 상대방을 인정하고 칭찬해 주는 문화를 만들어 가자."는 취지의 선언문을 채택했다.

냉소적인 사람들은 '사촌이 땅을 사면 배가 아프다.'는 속담을 인용하면서 우리 민족의 인성을 '발목 잡기 좋아하는 것'으로 규정짓곤 한다. 그러나 우리 가슴속에는 어느 민족도 갖지 못한 '흥'이라는 무형의 자산이 깊이 배어 있다. 조금만 거들어 주고 격려해 줘도 흥을 느끼는 게 우리 국민성이다. 너나없이 하나가 되어 엄청난 에너지를 만들 수 있다는 것은 2002년과 2006년의 월드컵 경기 응원전에서 이미 확인됐다.

과거에도 종교단체나 시민단체가 중심이 되어 '내 탓이오' '칭찬 이어 달리기' 등의 운동을 벌이곤 했다. 그렇지만 그리 큰 성과를 거두지는 못했는데 운동의 원동력이 될 동인(動因)이 부족하지 않았나 싶다.

이런 점에서 추임새 운동은 차별성을 가진다. 추임새야말로 우리 내면의 소리가락이면서 흥이기 때문이다.

우리 모두가 소리꾼을 격려하고 관객들에게 더욱 진한 감동을 주는 '고수'의 역할을 자임하고 나설 때, 사회는 온기로 덥혀질 것이다.

글씨에도 성격이 있다

베토벤이 작곡한 〈엘리제를 위하여〉는 애틋한 사랑을 떠오르게 하는 명곡으로 누구나 즐겨 듣고 즐겨 치는 곡이다. 그런데 그 주인공은 엘리제가 아니고 '테레제' 라고 한다. 베토벤의 글씨가 너무 악필이어서 악보를 낸 출판사 직원이 잘못 읽었다는 것이다. 당시 테레제는 빈 사교계를 주름잡았던 인물로 베토벤이 흠뻑 빠져 청혼까지 할 정도였는데 나이와 신분 차이로 거절당하자 혼자서 짝사랑을 했다고 한다.

악필로 이름을 떨친 사람들은 많다. 레오나르도 다빈치, 모차르트, 아인슈타인, 에디슨 등이 대표적인데 '천재는 악필' 이라는 말은 이들에게서 비롯된 것 같다. 생각해 보면 천재들은 떠오르는 영감을 잊기 전에 기록해야 하는 까닭에 글씨를 휘갈겨 쓸 수밖에 없었을 게다.

악필로는 작가들도 빠지지 않는다. 자신들만의 특이한 필치를 구사하는 탓에 일반인이 작품을 이해하기 힘들었고, 신문사나 출판사에서는 전문 해독가를 채용하는 경우가 허다했다. 아직도 손으로 처방전을 쓰는 의사들의 악필은 종종 문제가 되곤 한다. 악필로 쓴 처방전이 잘못된 조제로 이어져 환자의 목숨까지도 위협하기 때문이다. 오죽했으면 미국에서 의료인들을 모아 놓고 필기 연습을 시켰을까 싶다.

그런데 컴퓨터 자판에 익숙해서 쓰는 것 자체를 싫어하던 학생들이 '예쁜 글씨'를 배우기 위해 학원가에 몰리고 있다고 한다. 한 교수가 대학 논술을 채점할 때 "깨끗한 답안지가 채점자에게 좋은 인상을 심어 준다."며 글씨의 중요성을 강조한 이후부터이다.

흔히 글씨는 곧 그 사람의 마음이고 성격을 반영하는 것이라고 한다. 직장에서 자필이력서를 요구하는 것은 사실 관계의 책임 문제도 있지만, 글씨를 통해서 성격을 살피려는 의도도 없지 않다.

자판 문화에 젖어 마우스 잡는 법을 먼저 배우는 아이들에게 연필과 펜 잡는 법을 가르치는 일은 '글씨' 이상의 의미가 있음이 분명하다. 과거 우리 선조들이 마음의 도를 닦기 위해 문방사우(文房四友)를 곁에 두고 서예를 즐겼던 것도 곰곰이 새겨 볼 일이다.

껴안아 주기

1995년 미국의 한 병원에서는 기적 같은 일이 일어났다. 쌍둥이 자매가 몸무게 1kg의 조산아로 태어났는데 언니와는 달리 동생은 계속 울어대며 건강상태가 급속히 악화됐다. 보다 못한 간호사가 두 아이를 인큐베이터에 함께 넣었다. 건강한 언니가 동생을 끌어안자 동생의 맥박은 이내 정상으로 돌아왔다는 것이다. 포옹의 힘을 언급하면서 종종 인용되는 실화이다.

이후 노스캐롤라이나대학교 연구팀은 실제 이 사례를 실험했다. 2백 커플을 두 그룹으로 나누어, 한 그룹은 20초 동안 비디오를 보면서 포옹을 하도록 했다. 그런데 놀랍게도 포옹그룹은 신체적 접촉을 하지 않은 그룹에 비해 혈압과 심장 박동이 현저하게 안정됐을뿐더러 스트레스 호르몬도 적게 나타났다. 포옹이 몸과 마음을 치료해 주는 묘약으로 증명된 것이다.

환자들을 돌보는 간호사 교육 과정에 포옹치료 프로그램을 도입하는 경우는 이러한 이유에서다.

'프리 허그(Free Hugs)'라 해서 '껴안아 주기' 운동이 세계적으로 벌어지고 있다. 모스크바와 베이징에서, 서구의 여러 도시에서 프리 허그를 펼치는 감동적인 동영상들이 지구촌 사람들의 가슴을 적셨다. 지치고 힘든 이웃들을 위로하고, 더불어 사는 공동체에서 힘든 일을 나눠 갖자는 이 '나눔 운동'의 열풍은 갈수록 거세지고 있다.

이 운동의 창시자는 오스트레일리아의 평범한 청년이었다. 실직을 당해 절망한 채 시드니의 거리를 방황하던 중, 우연히 만난 한 아주머니가 자신을 따뜻하게 안아 준 덕분에 살아갈 힘을 얻게 되었다고 한다. 그는 한 번 안기는 것만으로도 몸과 마음의 상처를 단번에 치유할 수 있었다고 실토한다.

포옹을 하면 마음이 포근해지고 불안감이 없어진다. 안겨서 위로를 받는 것이다. 포옹을 하면서 나누는 인사는 그야말로 정분이 느껴지는 기분이다.

갈수록 각박해지는 세상에서 서로를 품안에 안으면서, 웃고 행복해하는 모습이 아름답기만 하다.

딸이 좋아

"여자는 태어나는 것이 아니라 키워지는 것"이라고 도발적인 선언을 했던 보부아르는 1949년에 쓴 《제2의 성(性)》에서 여성들의 완전한 사회적·경제적 평등을 예견했다. 당시엔 이러한 예견마저도 획기적이어서 책은 불티나게 팔려 나갔으나, 남성 위주의 사회에 저항하는 여성들의 희망사항으로 치부될 뿐이었다.

50여 년이 지난 지금, 여성은 사회의 중심 세력으로 우뚝 올라섰다. 보부아르가 외쳤던 '여성해방'은 이제 낡은 구호가 되어 버렸다.

여성이 남성보다 우월해지고 있는 현상들은 곳곳에서 목격된다. 여성 정치지도자들이 각광을 받는가 하면, 경제와 법조계에서도 여성파워가 갈수록 커지고 있다. 중·고등학교와 대학의 총학생회장을 여성들이 휩쓸고, 성적도 남성보다 월등하다.

이러한 슈퍼파워 여성들을 '알파걸(α-girl)'이라고 부른다. 미국 하버드대학교 교수인 댄 킨들러가 남성을 추월한 13~17세의 엘리트 여학생을 '알파걸'이라 지칭한 데서 비롯됐는데, 책 이름도 아예 《알파걸》로 붙였다. 리더십이나 운동, 학업 등 모든 분야에서 남성을 능가한다 해서 그리스 알파벳 첫 글자인 '알파(α)'를 따온 것이다.

여성들이 사회의 주류를 형성해 가자 성(性)에 대한 인식 또한 크게 바뀌고 있다. '남아 선호' 대신 '여아 선호'로 돌아서고 있는 것이다.

국정홍보처가 발표한 '한국인의 의식·가치관' 조사를 보면, 출산을 가장 많이 하는 30대에서 남자아이보다 여자아이를 더 선호하는 것으로 나타났다. 노후를 의탁하고 후대를 잇는다는 관념이 희박해지는 것도 한 요인일 게다.

과거 가족계획 표어는 '잘 키운 딸 하나 열 아들 안 부럽다.'며 딸의 가치를 궁색하게 강조했다. 그러나 이제는 아들 낳으면 위로받는 세상이 돼 가고 있다.

아직 여성들 머리 위엔 보이지 않는 차별의 '유리천장'이 드리워져 있긴 하지만, 우리네 딸들이 사회와 가정의 진정한 기둥으로 우뚝 설 날은 그리 머지않아 보인다.

뉴올드 문화

1980년대 중반까지만 해도 여기저기 음악다방이 많았다. 홀 한쪽 구석에는 유리로 칸막이 된 뮤직박스가 있었고, 그 안에는 디스크자키가 앉아 손님의 신청곡을 틀어 주었다. 값비싼 오디오를 산다는 것은 상상도 할 수 없는 일이어서, 젊은이들은 커피 한 잔을 시켜 놓고서 가요와 팝송을 입맛대로 골라 맘껏 들을 수 있었다. 감미로운 샹송을 들으면서 즐기던 데이트는 가슴 한켠의 아련한 추억으로 남아 있다.

그때 그 시절의 음악다방이 다시 생겨나고 통기타 카페가 여기저기 들어서고 있다. 당시 다방 문턱을 뻔질나게 드나들던 젊은이들이 어느덧 기성세대로 성장해 경제적인 여유를 찾으면서 '낭만시대' 의 음악을 그리워하고 있다는 것이다.

한 신인가수는 아예 CD 대신 LP판으로 노래를 내 놓았고, 신세대 가수들도 잇따라 흘러간 노래를 리메이크해서 인기몰이를 하고 있는 중이다.

뿐만 아니라 과거 유행했던 노래를 엮은 팝뮤지컬이 40~50대의 관객을 끌어 모으고, 극장가에는 30여 년 전의 〈로보트 태권 브이〉가 등장해 그 시절의 향수를 자극하고 있다. 중·장년층엔 그리움과 추억으로, 젊은 세대엔 신선함으로 받아들여지고 있다.

이런 7080세대의 감성을 두고 사회학자들은 '뉴올드(New Old)' 문화라 부르고 있다. 말이 '올드' 문화지, 사실은 재구성과 해체라는 과정을 통해 '뉴' 라는 새로운 문화 상품의 부가가치를 창출해 내고 있는 셈이다.

주위를 돌아볼 틈도 없이 앞만 보고 달려온 기성세대의 처지에서 보면, 자신들의 정체성을 찾기 위한 하나의 문화적 모색이기도 해서 앞으로 라이프 스타일에 어떤 변화를 가져올지도 관심이다.

옛것을 놓고 새로운 시각에서 가치를 찾는 것은 문화의 다양성을 위해 바람직한 일임에 틀림없다. 또 고령화되는 사회일수록 젊은 활력을 요구하게 마련인데, 세대를 뒤돌아 간 뉴올드 문화야말로 사회적인 나이의 갭을 메워 주는 데는 그만이 아닐까 싶다.

하고픈 일을 하자

자기 직업에서 행복을 얻으려면 다음과 같은 세 가지가 필요하다고 영국의 사회사상가인 존 러스킨은 말한다. 첫째 그 일을 좋아해야 하고, 둘째 그 일을 지나치게 해서는 안 되고, 셋째 그 일이 성공하리라는 신념을 갖고 있어야 한다는 것이다.

직업을 선택하면서는 누구나 '과연 이것이 내가 좋아하는 일일까?' 하고 생각해 본다. 그러나 선택의 여지는 그리 많지 않아 보인다. 생계 때문에, 별다른 뾰족한 방법이 없어서, 아니면 어쩔 수 없이 직업을 정하곤 한다. 이러다 보면 세월이 흘러 경륜이 쌓이고 승진도 되면서 스스로 그 직업에 안주하게 된다. 일 자체가 일상(日常)이 되어 버린 탓이다.

그런데 어느 날 문득 자신을 돌아보면서 잊었던 꿈을 떠올린다. '내가 하고픈 일은 따로 있었는데.' 하면서 원하는 일을 하지 못하는 것에 대한 회한으로 괴로워한다. 인연이 닿지 않은 까닭이라고 쉽게 포기해 버리면 그나마도 다행이다.

내키지 않은 일을 하면서 잘한다는 평판을 얻는 것도 마음이 편하지 않기는 마찬가지이다. 당초의 꿈에서 자유로울 수 없기 때문이다.

하고픈 일과 잘하는 일이 맞아 떨어진다면 그야말로 금상첨화일 테지만, 현실은 전혀 그렇지 못한 것 같다.

그렇지만 포기할 일은 아니다. 장사익의 노래는 삶의 통한이 묻어 있다. 그는 자빠지고 얼어터지면서 25년 동안의 사회생활을 마치고 마흔여섯에 노래를 시작했다. 그는 말한다. "요만 한 풀새 하나도 세상에 나온 이유가 있고, 꽃을 피우는데 나는 무엇을 해야 하는가."하는 것이었다고. 지금 죽을 힘을 다해 노래 부른다는 게 너무 행복하단다.

지금 하고 있는 일을 당장 떨칠 수만 있다면 얼마나 좋을까. 그러나 현실은 그리 녹록하지 않아, 밟지 않은 길은 항상 장밋빛으로 채색된 환상으로 보이기 마련이다.

철학자 니체의 말을 한번쯤 새겨볼 만하다.

"자기 직업이 다른 어떠한 직업보다 소중하다고 믿고, 또 그렇게 생각하지 않으면 그 직업을 버텨낼 수가 없다."

밥은 하늘이다

냉장고가 없던 시절엔 고기를 맛보기가 쉽지 않았다. 명절이나 결혼 등 대사가 있을 때 돼지를 잡아 이웃끼리 나눠 먹는 게 고작이었다. 생선도 마찬가지여서 소금에 간한 고등어와 갈치, 꽁치를 맛보는 정도였다. 오로지 밥이 유일한 에너지원이었다.

밥그릇을 보면 실감이 난다. 지금의 밥공기와는 비교가 안 된다. 큰 밥그릇에 밥을 가득 채우고 그것도 모자라 그릇 위에 넘치도록 담는데, 위에 담은 밥의 양이 안에 담긴 양만큼이나 된다. 소위 '고봉(高捧)밥'이라 하는 것이다. 이 정도를 먹어야 힘든 농사일을 하고 산에 다니면서 땔감을 준비할 수 있었으니, 밥심으로 산다는 말은 그래서 생겼다. 밥이 곧 보약이었던 셈이다.

김지하 시인이 오죽하면 '밥'을 일컬어 '하늘'이라고까지 예찬했을까 싶다. "밥이 하늘입니다./하늘을 혼자 못 가지듯이/밥은 서로 나눠 먹는 것/밥이 하늘입니다./하늘의 별을 함께 보듯이/밥은 여럿이 같이 먹는 것/밥이 입으로 들어갈 때에/하늘을 몸속으로 모시는 것/밥이 하늘입니다./아아 밥은 서로 나눠 먹는 것!"

일찍이 맹자도 "백성들은 밥을 하늘로 삼는다(民以食爲天)."고 말했다.

먹거리가 많지 않던 당시, 배고픈 우리 조상들에게나 해당된 것으로 알았던 밥이 지금에 와서도 여전히 위력을 떨치고 있는 것으로 나타났다.

한국보건산업진흥원이 발표한 조사보고서를 보면, 쌀밥이 30~40대 국민들의 칼로리 섭취 순위에서 1위로 밝혀졌다. 아직도 한국 사람들은 밥심으로 산다는 얘기다.

밥심은 한국인의 오랜 쌀밥 문화를 반영하기도 한다. 쌀은 주곡이면서 식생활의 근본으로 자리매김되어서이다. 봄부터 가을까지 이르는 긴 기간에 걸쳐 장마와 태풍, 그리고 땡볕을 견디면서 경작을 하기에 쌀에 대한 애착은 어느 작물보다도 남다르다. 쌀이 없으면 긴 겨울을 날 수도 없었다.

새삼 밥이 소중하게 느껴지면서 온몸으로 그 영양분이 퍼져 힘이 불끈 솟는 듯하다.

유배 생활엔 차가 있었다

차(茶)를 마시는 것은 맛과 색, 그리고 향을 함께 즐기는 것이라고 한다.

차에는 다섯 가지 맛이라고 하는 단맛, 쓴맛, 떫은 맛, 고소한 맛, 신맛이 잘 조화를 이루고 있으며, 자생차의 색깔은 색 가운데에서도 가장 아름답다는 다갈색이다. 덖음차의 냄새는 오묘하다 할 정도로 우리 전통 음식의 여러 향기를 머금고 있기도 하다.

차를 우려내고 대접하는 마음은 더욱 각별하다. 물을 끓이고 나서 식히고, 차가 우러나기를 조용히 기다린다. 이러는 동안 급하고 성난 마음은 사라지고 어느덧 안정된 마음이 자리 잡게 된다. 차를 통해 예절이나 법도를 함께 익히고 배려하는 마음을 가지는 것이다.

이처럼 차는 단순히 마시는 것 이상이었기에 우리 조상들은 차 생활을 중요하게 여겼다. 다산 정약용이 강진에서의 18년 유배 생활을 견딜 수 있었던 것은 오로지 그윽한 차 향기 덕분이었으며, 추사 김정희 역시 제주도의 유배 생활 동안 차를 유일한 친구 삼아 지냈다.

특히 다성(茶聖)으로 불리는 조선시대 말기의 초의선사는 전통차에 반한 나머지 '동차송(東茶頌)'을 지어 우리 차의 우수성을 널리 알렸다.

한반도 곳곳에는 다인(茶人)들과 얽힌 일화들이 수없이 산재해 있다. 해남 진도 보길도 예단 고양 사천 하동 등지를 여행하다 보면 차 향이 금세라도 피어오르는 듯하다.

《동의보감》에 나오는 차의 효능은 현란할 지경이다. "정신을 진정시키고, 소화를 돕고, 머리와 눈을 맑게 하며, 소변을 잘 나오게 하고, 소갈증이 멈추어진다."고 쓰여 있다. 민간요법의 약재로 차가 널리 사용되었음을 보여 주는 대목이다.

이처럼 차는 음료수이면서 음식이었고 약이었다. 차는 또한 힘과 용기를 주는 수행자의 도반이었고, 차를 만들고 마시는 과정을 통해 지혜를 깨우칠 수 있었다.

아무리 몸과 마음이 바빠도 차 한잔 우려내는 여유쯤은 가져야 하지 않을까.

반달송편과 희망

우리 조상들이 언제부터 떡을 만들어 먹었는지
는 확실치 않다. 다만 밥을 짓고 죽을 쑤다가 자연스럽게 만들
어지지 않았나 추측할 뿐이다.

떡에 얽힌 얘기들은 옛 문헌에 종종 등장한다. 《삼국사기》에
는 남해왕이 죽자, 후임 왕을 정하는 방법으로 떡을 물어 잇자
국이 많이 난 사람을 택했다는 사실(史實)이 소개돼 있다.

너무도 가난했던 백결 선생은 명절이 돌아와도 떡을 찧지 못
하자, 아내를 위로하기 위해서 거문고를 타 떡방아 소리를 냈다
는 이야기는 널리 알려진 일화이다.

그렇다면 송편은 언제부터 추석 떡이 되었을까. 솔잎[松]을 깔
고 찐다 해서 송편이란 이름이 붙었다는데 그 기원 역시 분명하
지 않다. 다만 17세기에 나온 《요록(要錄)》이나 《성호사설(星湖僿
說)》《규합총서(閨閤叢書)》의 기록들을 보면 송편이 민가에서 명절

을 맞아 즐겨 먹었던 음식으로 짐작된다.

《동국세시기(東國歲時記)》에는 송편을 만들어 노비들에게 나이 수대로 나누어 주는 풍습이 있었다고 전한다. '나이떡'의 유래가 여기에서 생겼다.

예로부터 추석 차례상에는 송편이 빠짐없이 올랐는데, 이 풍습이 지금까지 전해 오면서 추석의 상징떡으로 자리매김됐다.

송편은 지역에 따라 크기가 다르고 재료 역시 다양하지만 모양은 반달형으로 대체로 비슷한 편이다. 보름달은 이내 기울지만 반달은 차오르는 것이기 때문에 희망을 상징한다고 할 수 있을 것 같다. 비교해 보면 보름달보다는 아미 모양을 띤 반달의 자태가 더 고와 보인다.

떡은 또한 먹거리 중에서도 가장 정갈한 음식으로 여겨지고 있다. 그중에서도 송편은 햅쌀로 빚기에 추수감사의 의미가 담겨 있고, 다음 해의 풍년을 기원하는 마음이 서려 있기도 하다.

요즘은 떡집을 이용하는 통에 송편을 장만하는 집이 그리 많지는 않다. 추석명절이 오면 오랜만에 만난 식구들과 오순도순 둘러 앉아 송편의 의미를 새기고 아울러 그 모양의 아름다움을 만끽하면서 송편을 빚어 보면 어떨까.

가을을 앓다

소설가 정비석은 가을을 이렇게 읊었다.

"섬돌 밑에서 밤을 새워 가며 안타까이 울어 대는 귀뚜라미의 서글픈 울음소리며, 불을 끄고 누웠을 때 창문에 고요히 흘러 넘치는 푸른 달빛이며, 산들바람이 문풍지를 울릴 때마다 우수수 떨어지는 서글픈 소리며, 가을 빛과 가을 소리치고 어느 하나 서글프고 애달프지 않은 것이 없다."고.

이렇듯 가을이 오면 이유 없이 외롭고 쓸쓸하고 우울한 기분을 느낀다는 사람들이 많다. 시쳇말로 가을을 타는 것이다. 한 줄기 바람 소리에도 맥박이 뛰고, 가랑잎 구르는 소리에도 마음이 섬세해진다. 이런 심리를 '가을증후군' 이라 하는데 의학용어로는 '계절성 우울증(SAD)' 이라고 부른다.

중년에 접어들수록 가을증후군을 심하게 앓는다. 체력이 예전 같지 않고 호르몬 분비 또한 불규칙해지면서 각종 성인병과 비만이 그들을 괴롭힌다. 마음만 청춘일 뿐 몸은 영 따라 주지 않는다. 이런 까닭에 중년에게 닥친 가을은 낭만적이라기보다는 을씨년스럽고 초라하기까지 하다.

요 몇 년 새 가을증후군을 호소하는 사람들이 부쩍 늘어가고 있다. 신경이 날카로워지고 도무지 업무에 집중이 안 된다는 푸념이 여기저기서 들린다. 천고마비의 계절인데도 입맛을 잃고 우울증에 시달리기도 한다. 직장인 10명 중 4명이 가을증후군을 앓고 있을 정도라니 놀랍기만 하다.

미국정신의학협회는 "일조량이 줄어드는 가을엔 국민의 20% 가량이 계절성 우울증을 겪는다."며 "10대부터 시작되는 경우도 허다하다."고 밝히고 있다. 그 멋진 총천연색으로 화려하게 수놓아지는 가을이 이제는 나이에 아랑곳없이 수심으로 얼룩지는 꼴이다.

가을앓이를 극복하는 일은 쉽지 않아 보인다. 운동을 하고 여행을 하고 명상을 하는 것도 한 방법이긴 한데, 영국에서는 계절에 어울리는 독서를 권한다고 한다.

"주여, 어느덧 가을입니다. 지나간 여름은 위대했습니다."라고 노래한 릴케의 시를 소리 내어 읊조려 봐도 좋을 성싶다.

마누라가 예쁜데 왜 일찍 일어나지?

선거판은 으레 전쟁터에 비유된다. 상대를 제압하지 못하면 자신이 거꾸러지기 때문에 추태와 비방이 난무하고 이판사판 싸우기 일쑤이다. 흥분하고 분노하는 탓에 때로는 자제력을 잃고 자신의 이미지를 단박에 망가뜨리기도 한다.

그렇다면 이런 각박한 상황을 반전시킬 수 있는 방법은 무엇일까. 서양에서는 오래전부터 정치인이 갖춰야 할 덕목으로 유머를 꼽고 있다.

링컨이 상원의원에 출마했을 때의 일화이다. 상대 후보가 링컨은 두 개의 얼굴을 가진 이중인격자라고 몰아세웠다. 억울하다는 표정을 지은 링컨은 "내가 두 개의 얼굴을 가지고 있다면, 이 중요한 자리에 내가 왜 이 얼굴을 가지고 나왔겠느냐?"고 반문했다.

우레와 같은 박수가 터졌고 분위기가 이내 반전됐음은 물론이다.

처칠의 유머 역시 멋들어진다. 상대 후보가 늦잠 자는 게으름뱅이라고 인신 공격을 하자, 처칠은 "당신도 나같이 예쁜 마누라를 가졌다면 일찍 일어나기 어렵지 않겠느냐?" 라고 반문했다.

정치인들이 존경하는 링컨이나 처칠은 이렇듯 뛰어난 유머감각을 가진 유머리스트들이었다.

이처럼 유머는 긴장을 풀어 주고 시선을 한군데로 모아 주는 힘을 가지고 있다. 상대의 예봉을 꺾고 자신의 방어력을 높여 주기도 한다. 자신의 실수도 자연스레 비켜 갈 수 있는가 하면, 갈등을 해소시키는 윤활유 역할을 하는 것도 유머의 힘이다.

이어령은 "유머는 그냥 우스운 것이 아니라 정신적인 여유, 인생을 대하는 너그러운 태도까지를 포함하는 말"이라고 설명한다. 긴박할 때, 절망적일 때 그리고 분노 속에서도 웃을 수 있는 기질, 그것이 바로 유머라는 것이다.

유머의 진가는 오히려 절박하고, 자신을 주체할 수 없는 지경에서 발휘되곤 한다. 금세 어색한 분위기를 반전시키고 대하기 어려운 사람은 무장해제시키는 힘이 있어서이다.

그래서 유머를 두고 음식의 맛을 내는 양념처럼 일상생활의 양념이라고 하는가 보다.

무기인 말, 악기인 말!

참으로 말이 많은 세상이다. 할 말과 안 할 말들이 난무하다 보니 마치 말의 홍수 속에서 허우적대는 것 같다. 굳이 말을 안 해도 되는 것들을 지껄이고, 말할 수 없는 것들이 폭로되곤 한다.

그런가 하면 하나마나한 말들이 난무하고, 탈이 날 만한 말들도 무성하다. 도무지 남을 배려하고, 용납하는 금도(襟度)가 없다. 상대방을 유혹에 빠뜨리는 거창한 말, 번지르르한 사탕발림의 언사들은 또 얼마나 많은가.

갈수록 말이 가벼워지고, 말하고 나서 가슴을 치는 일들이 허다하다. 편협하고 저급한 말들이 비수가 되어 상대방의 가슴에 꽂힌 뒤, 그것이 부메랑이 되어 나를 향한다.

"어떤 사람의 삶을 온전히 알지 못하면 그 사람에 대해 말하지 마라."고 했거늘 무심코 내뱉는 언사는 삼갈 일이다. 별 생각 없이 지껄이는 한 마디의 말이, 상처투성이의 처첨한 인상만 남겨 줄 것이며 그 상처는 좀체 아물지 않을 것이라는 조그마한 배려가 아쉽기만 하다.

한편 말이란 사람들의 언짢은 심정을 봄눈 녹이듯 풀어 주기도 한다. 오해로 가득한 불구대천의 관계를 우호적으로 돌려놓는 것도 바로 말이다.

생각해 보면 서로를 즐겁게 해 주는 말들은 얼마든지 있다. 다만 찾아 쓰려고 노력하지 않을 뿐이다. 어눌하지만 살며시 속살을 내보이는 표현이 심금을 울리고, 속 깊은 짧은 충고가 일생의 좌우명이 되기도 한다. 속시원하고 통쾌한 말들은 '더불어 사는 세상'의 청량제나 다름없다.

상대를 헤아릴 줄 아는 고운 말투가 바로 내 삶의 격을 높인다는 점도 새겨 둘 일이다.

이제 충격적이고 엽기적인 말들은 훌훌 털어 버릴 때가 됐다. 말 같지도 않은 말들의 질곡에서 벗어날 때도 됐다. '말로 흥하면 말로 망한다.'고 하지 않던가.

셰익스피어가 《햄릿》에서 말한 경구는 음미할 만하다.

"사람은 비수를 들지 않고도 가시 돋친 말 속에 그것을 숨겨 둘 수 있다."

바코드 인간

〈매트릭스(The Matrix)〉는 인공지능 컴퓨터와 이에 맞서는 인간의 대결을 그린 영화이다. 인공지능에 의해 뇌세포에 매트릭스라는 프로그램을 입력당한 인간은 평생 가상 현실을 살아간다. 보고 느끼는 모든 것들이 검색 엔진에 노출되어 있을뿐더러 인간의 기억 또한 입력과 삭제가 자유롭다. 인간이 가축처럼 양육된다고나 할까.

조지 오웰의 소설 《1984》에는 빅 브라더가 등장한다. 그는 송·수신이 모두 가능한 텔레스크린으로 사회 구석구석을 끊임없이 감시하는데, 심지어는 개인의 은밀한 공간이랄 수 있는 화장실에까지 텔레스크린이 설치돼 있다. 일거수일투족이 통제되는 최악의 상황을 묘사하고 있다.

영화나 소설 속의 사회에서나 볼 수 있었던 사생활 침해 논란이 크게 일었던 사건이 있었다. 사람의 피부에 이식하는 생체칩 때문이다. 생체칩은 신원 확인을 목적으로 주사기를 통해 체내에 이식하는 쌀알만 한 크기의 칩으로, 미국식품의약국(FDA)이 2004년 승인한 베리칩(Verichip)은 16자리 숫자로 구성돼 있다. 인간 바코드인 셈인데 당초 제품의 판매 및 재고관리를 위해 고안한 이 바코드가 사람에게 응용되면서 찬·반 논쟁이 달아올랐던 것이다.

당시 《비즈니스 위크》가 이 문제를 보도하고 나섰다. 인간 바코드가 아직까지는 알츠하이머 환자나 성범죄자 등을 추적하고 관리하는 데 제한적으로 쓰였으나, 점차 대상범위가 확대되는 추세라고 했다. 세계 여러 나라에서 특정인은 물론 갓난아기까지 생체칩의 이식이 검토되고 있다는 것이다. '바코드 인간'에 대한 인권 침해가 바로 코앞에 다가왔음을 알리는 경종이나 다름없다.

우리나라에서는 서울시가 애완견에 15자리 숫자코드로 된 인식칩을 애완견에 부착하도록 의무화했다. 유기되는 개에 대한 폐해가 심각해지자 이를 해결하기 위한 고육책이다. 이렇다면 앞으로는 범죄자를 감시하는 수단으로 생체칩이 이용될 개연성은 얼마든지 있다.

동기야 어떻든 생체칩이 보편화될 것이고 보면 우리는 '바코드형 인간'이라는 구속에서 결코 자유롭지 못할 것 같다.

글보다 말, 말보다 소리!

글보다는 말이 살아 있다. 말보다는 소리가 신명 난다. 우리나라 판소리는 무엇보다 감정 표현이 돋보이는 걸쭉한 사설이 백미인 것 같다. 〈흥부전〉에 나오는 놀부는 오장칠부로 보통 사람보다 심사부(心思腑)가 하나 더 붙어 있다고 하는데 그 심술 묘사가 재미있다.

"초상난 데 노래하고, 길 가운데 허방 놓고, 외상술값 억지 쓰고, 소경 의복에 똥칠하고, 걸인 보면 자루 찢고, 여승 보면 겁탈하기…."

〈춘향전〉에서 춘향이가 이도령과 이별하는 장면은 아쉬움이 절절이 흐른다. "금강산 상상봉이 평지가 되거든 오시랴오. 마두각(馬頭角)허거든 오시랴오. 오두백(烏頭白)허거든 오시랴오…."

〈심청전〉에서의 상봉 장면도 가슴에 큰 공명으로 울려 온다.

판소리는 한 명의 소리꾼이 고수의 북장단에 맞추어 긴 이야기를 엮어 가는 극(劇)적인 음악인데 소리꾼의 가변성과 즉흥성이 서양 오페라와 다른 점이다.

특히 소리꾼과 청중이 추임새로 하나 되어 즐기는 맛은 어느 음악이 범접하지 못한다.

소도구라야 부채가 유일한데 그 상징성은 무궁하다. 편지를 읽는 대목에서는 편지가 되고, 설렁설렁 톱질할 때는 톱이 된다. 상황을 유도하거나 반전시킬 경우는 부채를 활짝 폈다가 접기도 한다.

한국인의 정서가 가장 농후하게 녹아 있다는 판소리는 본래 열두 마당으로 숙종 때 태동되었는데 지금은 아쉽게도 다섯 마당만 전승되고 있을 뿐이다. 소리 명창들이 해방 이후 창극에 참여하면서 판소리가 점차 일반의 관심으로부터 멀어진 탓이다.

1960년대 들어 판소리가 중요무형문화재로 지정되고 전통문화에 대한 인식이 바뀌어 명창들에 대한 대접이 달라지고는 있지만 판소리가 갖는 가치에 비하면 어림도 없다.

전통문화의 우수성이 국가 경쟁력과도 직결된다는 점을 감안할 때 지금이야말로 당국은 물론 많은 독지가들이 판소리에 더욱 관심을 가져야 할 시점인 것 같다.

사재를 털어 판소리 중흥을 꾀한 제2의 신재효가 기다려진다.

뉘우침

어떤 나그네가 산길을 가다가 사자에게 습격을
당했다. 나그네는 허겁지겁 도망치다가 깊은 구덩이를 발견하
고 그 속에 뛰어들었다. 그런데 바닥에는 독사들이 우글거렸다.
하는 수 없이 구덩이 중턱에서 뻗어 나온 나무뿌리에 매달렸으
나, 설상가상으로 두 마리의 쥐가 그 뿌리를 갉아 먹고 있었다.
살길을 찾아 두리번거리던 중 나무뿌리에서 흘러나오는 꿀을 발
견하곤 핥기 시작했다. 당장 뿌리가 끊어져 죽는 줄도 모르는 상
황인데도….

톨스토이의 《참회록》에 나오는 우화로 이야기 속 나그네는 작
가 자신이다. 아니, 우리 모두이기도 하다. 언제 뿌리가 끊어져
죽을 줄도 모르는데 눈 앞의 꿀에만 탐닉하고 있는 사람들, 존
재들!

세상살이는 어쩔 수 없이 죄를 잉태하기 마련이다. 종교는 이

죄가 자신의 잘못인지 아니면 타인의 잘못에서 비롯된 것인지를 따지지 말고 반성하라고 깨우친다. 기독교에서는 회개라 하고, 천주교에서는 고해, 불교에서는 참회라고 말하지만, 따지고 보면 남을 탓하기에 앞서 자신의 잘못과 죄를 뉘우치자는 의미는 모두 같다.

반성이란 과거에 지은 교만하고 어리석고 시기하고 질투한 죄를 다 고백하는 것이다. 이 악업을 다시 짓지 않겠다고 다짐하면서 장래에 오는 허물까지도 조심하는 게 진정한 참회이자 회개이며 고해이다. 한마디로 자신의 잘못을 만천하에 드러내어 용서를 구하는 일이다.

공자는 제자들에게 일렀다. 뉘우침을 얻으려면 "남을 원망하는 말을 적게 하고 행동에 있어서는 후회할 일을 하지 말아야 한다."고.

《천수경》에서는 "죄란 자성(自性)이 없다. 마음에서 생기는 것이다. 만약 마음이 소멸하면 죄 또한 없어진다."고 간곡히 가르치고 있다.

뉘우침은 잘못에서 시작되나 덕성을 기르는 자양분이다. 어느 시인의 말처럼 "등잔불 벌써 켜지는데 지금껏 나는 헛살았구나!" 하는 허망한 생각이 들기 전에, 이제라도 자신을 찬찬히 들여다볼 일이다.

 소牛笑소

글쓴이 | 박영배
초판 1쇄 발행 | 2009년 12월 15일

펴낸이 | 신난향
펴낸곳 | 맥스미디어
출판등록 | 2004년 3월 17일(제2-3955호)
주소 | 서울특별시 서초구 양재동 275-1 삼호물산 빌딩 A동 402호
전화 | 02-589-5133
팩시밀리 | 02-589-5088
홈페이지 | www.maksmedia.co.kr

기획 · 편집 | 손경애 주간
편집 | 문아라
디자인 | 은디자인
영업 · 마케팅 | 김기식 조영
경영지원팀 | 장주열 김지혜
인쇄 | 예림

ISBN 978-89-91976-20-7 03040
정가 11,000원
*잘못된 책은 바꾸어 드립니다.